Shift Mindset
시프트 마인드셋

펴 낸 날 2025년 11월 1일 초판 1쇄

지 은 이 정성목
펴 낸 이 박지민, 박종천
편   집 김정웅, 김현호, 민영신
책임편집 윤서주
디 자 인 롬디
교정교열 윤동욱
책임미술 웨스트윤
조사분석 정혜민
마 케 팅 이경미, 박지환
펴 낸 곳 모모북스
         경기도 파주시 지목로89~37(신촌로 88~2)3동1층
         전화 010-5297-8303   팩스 02-6013-8303
         등록번호 2019년 03월 21일 제2019-000010호
         e-mail pj1419@naver.com

ⓒ 정성목, 2025
ISBN 979-11-90408-79-0(03190)

- 책값은 뒤표지에 있습니다.
- 잘못된 책은 구매하신 곳에서 교환해드립니다.
- 모모북스에서는 여러분의 소중한 원고를 기다립니다.
투고처: momo14books@naver.com

성공하는 사람들은 무엇이 다를까

Shift Mindset

시프트 마인드셋

창업학 박사 정성목 지음

Contents

프롤로그   009

1장   고추장보다 뜨거운 열정
두끼떡볶이, 불가능을 요리하다

그 날의 아이디어 ———————————————— 035

2장   남기듯 확장한다
어묵의 지속 전략

삼진어묵, 정체성의 변화 ———————————— 064
사고와 행동의 변화를 선택한 사람들 —————— 089

3장   커피 한 잔에 담긴 이야기
백억커피, 폐점률 0%의 비밀

가맹 경영주의 가성비, 가심비 —————————— 095

4장   스타벅스에서 보았다
패스트파이브, 일하는 방식을 디자인하다

공간의 재해석 ——————————————— 123
리더십 균형, K-리더십의 단계별 진화 ——————— 153

5장   한국의 맛, 세계에 스미다
태국 '명가', 현지와 조화된 한식의 전략

태국을 사로잡은 한국의 맛 ———————————— 162

6장   20년간 10개의 편의점, 진화하는 경영
GS25 다점포 전략과 사람 중심의 지속성장

그 익숙함 속에 숨겨진 전략 ———————————— 186
생각은 방향이고, 행동은 길이다 ———————————— 214

7장   글레이즈드 전쟁 _ 도넛의 달콤한 전쟁
던킨과 미스터도넛, 같은 도넛 다른 운명

왜 이 도넛은 살아남았고, 저 도넛은 사라졌을까 ——————— 221

8장   브랜드의 시작 _ 빵과 커피 이야기
작고 뜨거운 사업화 여정

결국, 브랜드는 '사람'을 품어야 합니다 ————————— 253

에필로그 ————————————————————— 279

성공은 화려하지 않아도 됩니다.
오래, 조용히 남는 것이 더 큰 힘을 가집니다.

그래서 저는 이 책을 《Shift 마인드셋: 당신을 성공으로 이끄는 행동 전략》이라 이름 붙였습니다. 전략은 결국 태도의 전환에서 시작되기 때문입니다.

브랜드는 결국 사람과 구조 위에 남습니다.
감성에서 전략으로, 전략에서 지속으로 이어진 여정.
끝내 지켜낸 태도와 흔들림 없는 의지—
그것이 한 이름을 오래 살아남게 하는 힘입니다.

그리고 그 길은 결국, 지속의 힘으로 완성됩니다.

프롤로그

누구나 한 번쯤은 묻습니다.

"왜 내 사업은 늘 불안할까?"

"성공하는 사람들은 무엇이 다를까?"

답은 멀리 있지 않았습니다.

성공을 결정짓는 것은 화려한 아이디어도, 거대한 자본도 아니었습니다. 바로 오늘 더 나은 선택을 반복하는 실행의 습관이었습니다. 세스 고딘(Seth Godin)은 말했습니다.

"There's no shortage of remarkable ideas, what's missing is the will to execute them."

"뛰어난 아이디어는 많지만, 부족한 것은 실행하려는 의지다."

《Shift 마인드셋: 당신을 성공으로 이끄는 행동전략》은 그 의지와 끝내 포기하지 않는 끈기를 붙잡은 이야기입니다.

작은 출발들이 모여 단단한 사업화로 이어진 여정,
그리고 그 길 위에는 언제나 방향을 바꾸는 바꾸는 결단, 곧 시프트가 있었습니다.

고추장보다 뜨거운 열정으로 불가능을 요리한 떡볶이,
전통을 새롭게 옮겨 심은 어묵,
폐점율 0%를 기록한 커피 프랜차이즈,
일하는 방식을 다시 설계한 공유오피스,
낯선 도시에서 한국의 맛을 세계에 스민 한식당,
20년 동안 10개 편의점을 일군 경영주,
로컬라이징 트렌드를 선도하며 정체성을 바꾼 도넛 브랜드,
그리고 작지만 오래 남는 작은 빵집의 시작까지

7개의 브랜드와 1개의 사업화 여정은 단순한 성공담이 아닙니다.
시장의 결핍과 위기를 어떻게 견디고,
어떤 순간에 방향을 전환했는지 보여주는 생존의 기록이자 전략의 이야기입니다.

"사람들은 당신이 한 말, 당신이 한 행동은 잊지만, 당신이 그들에게

어떻게 느끼게 했는지는 결코 잊지 않는다."

"People will forget what you said,

pcople will forget what you did,

but people will never forget how you made them feel."

- 마야 안젤루(Maya Angelou), 미국 시인·배우·작가

그래서 이 책은

그 잊히지 않는 온기를 품은 채,

속도나 숫자가 아니라,

크기보다 깊이로 남은 이름들을 기록합니다.

영국 밴드 애니멀스의 〈The House of the Rising Sun〉처럼

누구나 '해 뜨는 곳'을 꿈꾸며 시작하지만,

보이지 않는 구조와 결핍은 때로 우리의 길을 흔들고 멈추게 합니다.

그때 필요한 것은 또 다른 열정이 아니라,

읽을수록 선명해지는 전략의 길.

이 책 속 사례들이 바로 그 길을 보여줄 것입니다.

당신의 오늘은 곧 내일의 기록이 됩니다.

이 책이 그 길 위에서,

당신만의 한 줄 전략을 새기는 계기가 되기를 바랍니다.

해 뜨는 곳을 꿈꾸며 시작했지만,
길은 언제나 빛과 그림자가 함께했습니다.

단단한 한 줄의 전략이,
그 길을 선명하게 밝혔습니다.

추천의 글

★★★★★

김창수 / 중앙대학교 (전)총장, 명예교수

정성목 박사의 신간 『Shift 마인드셋: 당신을 성공으로 이끄는 행동전략』은 복잡한 경영 이론을 넘어, 현실에서 성공을 일군 기업들의 생생한 이야기를 통해 성공의 비결을 파헤치는 책입니다. 창업학 박사이자 실제 다양한 산업현장 경험을 갖춘 저자의 전문성과 실무적 감각이 고스란히 녹아 있어, 책장을 넘기는 내내 깊은 공감을 불러일으킵니다.

이 책은 단순히 성공사례를 나열하는 데 그치지 않습니다. 두끼떡볶이, 삼진어묵, 백억커피 등 우리에게 익숙한 브랜드들이 어떻게 시장의 격변 속에서 살아남고 성장했는지, 그 과정에서 '본질은 지키되, 방법은 바꿔야 오래 남는다'는 핵심 메시지를 일관되게 전합니다. 재고관리, 시스템경영, 감성마케팅 등 다채로운 경영 기법들을 각 기업의 사례에 맞춰 알기 쉽게 풀어낸 점이 특히 인상적입니다.

물론, 경영학을 깊이 공부한 독자에게는 내용이 다소 평이하게 느껴질 수도 있습니다. 하지만 이 책의 진정한 가치는 바로 그 '쉬운 언어'에 있습니다. 전문 용어와 복잡한 이론 대신, 누구나 쉽게 이해하고 공감할 수 있는 스토리텔링을 통해 독자들에게 성공을 위한 통찰력을 제공합니다.

따라서 이 책은 새로운 사업을 구상 중인 예비 창업가는 물론, 현재 사업의 어려움을 겪고 있는 경영자, 그리고 성공한 기업의 전략이 궁금한 모든 분들에게 강력하게 추천합니다. 이론과 현실 사이의 간극을 메워주고, 당장 적용 가능한 실용적인 지침을 얻고자 하는 분들에게 이 책은 더할 나위 없는 훌륭한 나침반이 될 것입니다. 이 책을 통해 독자 여러분의 사업에 새로운 변화의 바람이 불기를 기대합니다.

★★★★★

박대준 / 쿠팡 대표이사

이 책은 한마디로 '사고의 전환'과 '행동 구조화'를 다루고 있는 책입니다. 저자는 '시프트'가 단순히 변화만을 의미하는 것이 아니라, 생각의 방향을 바꾸고 행동의 길을 개척하는 '실천의 전환'이라고 말하고 있습니다. 책을 읽는 순간마다 이 책이 강조하는 핵심 메시지와 쿠팡이 가장 중요하게 생각하는 원칙들이 많은 공통분모를 갖고 있다는 것을 확인했습니다.

지난 십여 년간 쿠팡이 고객들로 하여금 '쿠팡 없이 어떻게 살았을까?'라는 말을 듣기 위해 '고객 경험 혁신'에 몰두하고 끊임없는 연구와 기술개발을 통해 고객의 삶을 바꾸어 온 것처럼, 이 책은 지속 성장을 위한 '마인드셋'과 이를 실천으로 옮기는 '행동전략'의 중요성을 강조하고 있습니다. 쿠팡이 '고객 경험 혁신'이라는 변치 않는 목표를 이루기 위해 온라인쇼핑을 비롯해 음식 배달, OTT 등 다양한 분야에서 전에 없던 새로운 도전을 지속해 온 것과 같이, 이 책은 "사업철학은 고집하되 방법에는 유연해야 한다"는 균형 있는 리더십 원칙을 내세우고 있습니다.

작가는 '생존구조'의 원리를 설명하면서 성장은 경쟁이 아니라 연결에서 비롯된다는 메시지를 강조하고 있습니다. 이는 기업 운영에서도 통용되는 원칙이라는 점에서 크게 공감하는데, 실제 쿠팡은 물류 풀필먼트, 기술 혁신 등을 통해 고객 중심의 지속 가능한 서비스를 구축하고 있고, 쿠팡의 서비스는 여기서 더 나아가 지자체, 영세 중소상공인과 같은 다양한 파트너들과 상생하고 있습니다.

특히 "생각은 방향이고, 행동은 길이다."라는 문구는 이 책이 전하고자 하는 '지속 성장'의 본질을 가장 잘 표현하고 있습니다. 이 문장이 강조하는 바는 고객의 불편을 기회로 바꾸고, 데이터를 실행으로 연결하며, 사람 중심의 구조를 세우는 쿠팡의 리더십 철학과도 많은 부분 닮아있습니다.

이 책은 지금 시대에 꼭 필요한 리더십 교과서이며, 전략적 사고를 위한 실행 안내서입니다. 이 책이 수많은 리더와 창업가, 소상공인에게 '함께 성장하는 구조'를 설계할 용기와 통찰을 가져다줄 것이라 믿습니다. 지금보다 한 걸음 더 깊고 단단하게 나아가고 싶은 분들께 이 책을 진심으로 권합니다.

★★★★★

────────── **이규민 / 한식진흥원 이사장** ──────────

정성목 대표는 외식 현장을 읽는 감각과 정책을 연결하는 통합적 시각을 함께 지닌, 드문 실전 전문가입니다.

농식품부의 K-푸드 글로벌화 과정에서 그는 태국과 중국 시장에 한식을 단순한 '맛'이 아니라 현장에서 얻은 세밀한 통찰을 제도와 지속가능한 전략으로 연결해낸 점이 특히 인상 깊었습니다.

처음 인연을 맺었던 민·관합동 외식기업 협의체에서도 저자는 외식 경쟁력 소위원회 대표로 참여하며 사람, 시스템, 그리고 브랜드의 태도까지 다각적으로 바라보는 시선을 나눠주었습니다.

《Shift 마인드셋: 당신을 성공으로 이끄는 행동전략》은 정책을 누구보다도 잘 이해하고, 시장보다 깊이 있었던 그의 경험을 정갈하고도 설득력 있게 담아낸 결과물입니다. 이 책은 단순한 성공사례 모음이 아니라 창업가와 정책 담당자 모두가 참고할 만한 전략적 기록이 될 것입니다.

한식의 미래를 고민하는 분, 또 브랜드의 방향을 찾는 분들께 이 책은 실용과 철학이 어우러진 든든한 길잡이가 될 것이라 확신합니다.

박사 학위에 이어 이렇게 전략 에세이를 출간하게 된 것을 진심으로 축하드리며, 앞으로도 정책 현장에 꼭 필요한, 실천 가능한 목소리를 내어주시길 기대합니다.

★★★★★

──────── **이우진 / 한국벤처창업학회장, 국민대 교수** ────────

본서는 정성목 박사의 단순한 현장경험의 기록을 넘어, 창업학적 탐구와 실전적 통찰이 교차하는 성과물입니다. 연구실의 책상 위에서 풀어낸 글이 아니라, 창업 현장이 가지고 있는 위기와 전환의 다양한 순간들을 구조화하고 정교하게 풀어낸, 현장성이 강한 지침서이자 학문적 저작입니다.

창업은 아이디어와 자본이 출발점을 만들지만, 수없이 마주하는 위기를 어떻게 대응하고 극복하느냐가 사업의 크기와 생존을 좌우합니다. 세계적 창업가이자 벤처 리더 Aliko Dangote는 이렇게 말했습니다. *"In the journey of entrepreneurship, tenacity of purpose is supreme."* — 창업의 여정에서 가장 중요한 것은 변하지 않는 목적의 끈기다. 이 말처럼, 결국 남는 것은 순간의 번뜩임이 아니라 끝내 포기하지 않는 의지와 방향을 지켜내는 힘입니다.

이 책은 창업가가 겪는 그 치열한 과정을 사실적이면서도 설득력 있게 보여주며, 독자들 각자가 자신의 창업 여정을 깊이 성찰하도록 도와줍니다. 청년 창업가에게는 새로운 길을 알려주는 나침반이 되고, 현장의 사업가에게는 사업을 성장시키는 모멘텀이 되며, 컨설턴트와 정책 입안자에게는 전략적 통찰을 제공하는 실용 교재가 될 것입니다.

학문과 현장을 잇는 본서는 사람과 철학, 그리고 경험이 켜켜이 쌓이고 구조화될 때 비로소 창업의 여정이 지속된다는 진리를 일깨워 줍니다. 나아가 한국 창업 생태계에서 반드시 일어나야 할 변화와 과제들을 차분히 제시하며, 현장의 목소리를 학문적 언어로 정리해냅니다. 그렇기에 이 책은 개별 사례를 넘어 개인의 창업 서사가 곧 창업 담론으로 확장되는 과정을 보여주며, 이는 우리 학계와 실천 현장 모두가 공유하고 참고할 소중한 자산이라 생각됩니다.

실전 전략가 정성목과
그의 에세이에 대한 믿음

팽현숙 / 방송인·사업가 - 브랜드의 태도를 읽는 사람

열정의 아이콘 팽현숙입니다. 정성목 선생님처럼만 사시면 내가 생각한 모든 것은 이룰 수 있습니다. 2019년 명사특강에서 처음 만난 인연은 유튜브까지 이어졌습니다. '옛날순대국' 같은 브랜드도 오래 가려면 결국 구조와 행동전략이 필요하다는 사실을 분명하게 일깨워줍니다.

이일한 / 중앙대학교 교수 - 현장에 발 딛고 글 쓰는 사람

학문을 가르치는 제게는 이론을 현실과 연결해 주는 다리와도 같습니다. 《Shift 마인드셋: 당신을 성공으로 이끄는 행동전략》은 창업, 전략, 시프트, 글로벌, 지속, 브랜드 경영 등 추상적 개념이 아니라 실제 현장에서 검증된 전략으로 보여줍니다. 학자의 눈으로 보아도 단순한 '사례집'이 아니라, 정책과 실무 현장을 잇는 교재이자 실천의 길잡이로 읽힙니다. 무엇보다 이 책은 "알고만 있는 지식이 아니라, 실천으로 구조를 세우는 태도. 그 위에 속도보다 방향을, 빛보다 본질을 향한 전략을 더해야 한다는 믿음"을 실제 사례

속에서 드러냅니다. 연구와 정책, 그리고 실무가 어떻게 하나의 흐름 속에서 만나고 이어질 수 있는지를 다시금 확인하게 되었습니다.

이승주 / 트루웰 3자 물류 대표 - 사람 냄새 나는 전략가

보고서보다 사람의 목소리를 신뢰했던 그가, 이제는 브랜드 행동전략의 속살까지 들여다보는 글로 돌아왔습니다. 첫 직장부터 이어진 현장 중심의 실천적 전략 태도가 책 속에서 여전히 뜨겁게 살아 있습니다.

강송목 / 조리기능장 - 현장의 기술을 전략으로 바꾸는 사람

태국에서 베이징·상해까지 10여 년의 현장, 정성목 대표는 언제나 답을 현장에서 찾습니다. 이 책은 그 발자취를 담은 진짜 기록입니다.

박주옥 / 대전일자리경제진흥원 본부장 - 실효적 정책 설계

《Shift 마인드셋: 당신을 성공으로 이끄는 행동전략》은 지역 경제와 지속 성장 정책을 고민하는 이들에게 실행의 방향을 제시합니다.

여경래 / 쉐프·방송인·홍보각 대표 - 요리처럼 써 내려간 책

이론보다 현장을, 시장보다 식탁을 먼저 관찰한 저자. 그의 문장은 요리 레시피를 실전하듯, 한 문장 한 문장이 손끝의 감각처럼 다가옵니다. 사람과 지속 성장하는 브랜드의 시선을 정성껏 담아낸 따뜻한 기록입니다.

김창봉 / 중앙대학교 창업경영대학원 원장 - 창업 사업화 루틴 여정

이 책은 창업의 원리와 실전에서의 행동전략을 동시에 담아낸, 살아 있는 교재입니다. 연구실에서 쌓은 이론이 현장의 언어로 번역되고, 실무자가 체감할 수 있는 루틴으로 구체화되어 있습니다. 창업가에게는 실행의 지침서로, 연구자에게는 현장 데이터를 담은 사례집으로, 그리고 정책가에게는 창업 생태계의 흐름을 이해할 수 있는 귀중한 참고서가 될 것입니다.

박혜수 / (전)공무원 - 퇴직 후 제2의 삶을 설계하는 이들에게 주고 싶은 책

오랜 공직 생활 속에서도 느낀 것은 결국, 시프트! 사고와 태도의 전환이 변화를 이끈다는 사실이었습니다. 이 책은 그 길을 차분하게 짚어주는 책으로, 은퇴 후 설계를 준비하는 이들에게도 큰 울림을 줄 것입니다.

유창덕 / 굿커리어 헤드헌팅 대표 - 책상이 아닌 식탁에서 나온 책

10여 년간 수많은 전문가 이력을 보았지만,
정성목 작가의 사업화 서사는 경험으로 꾹꾹 눌러 쓴 기록입니다.
브랜드의 생존기를 넘어, 결국 사람에 대한 존중이 담겼습니다.

박준일 / 비주얼 아티스트 & 연극배우 - 두려워하지 말라는 전략의 필사

무대 위에서나 삶에서나 결국 중요한 것은 '자신만의 길'을 찾는 일이라 믿습니다. 'Shift, 마인드셋, 행동전략'은 도전과 불안을 안고 살아가는 청년인 저에게 그 길을 두려워하지 말라는 용기를 주었습니다.

신진오 / 와이앤아처 대표 - 큰소리보다 '작은 지속'에 귀 기울임

사업의 성패를 단순한 생존율이 아닌, 실패까지 전략의 자산으로 남기려는 집요한 시선. 창업기획자인 제게도 곁에 두고 싶은 살아 있는 교과서입니다.

박흥진 / 세종대학교 시니어산업학과 교수 - 두 발은 현장에, 한 손엔 기록을

사업 현장에서 길어 올린 그의 문장은 결국 사람을 향합니다.

지식을 쌓기보다 삶을 옮겨 적은 이 전략 에세이는, 인생 2막을 준비하는 시니어 세대와 성공을 갈구하는 사업가들에게 실질적 길잡이가 될 것입니다.

지경훈 / MBC 생방송 '오늘아침' 프리랜서 PD - 지속적 방향 설정의 힘

방송 제작은 매일 새로운 변수와 예기치 못한 상황의 연속이지만, 결국 길을 잃지 않게 해주는 힘은 꾸준한 방향 설정입니다. 《Shift 마인드셋: 당신을 성공으로 이끄는 행동전략》은 그 불확실한 흐름 속에서도 자신만의 기준과 길을 지키려는 이들에게 분명한 통찰을 줍니다. 인생 역시 순간의 대응보다

꾸준한 방향 설정에서 힘을 얻는다는 사실을 일깨워 줍니다.

조만환 / (전)GS리테일 부장 - '많이 팔까'보다 '왜 남았을까'를 묻는 책

편의점 산업이 성숙기에 들어선 지금, 이 책은 생활 플랫폼의 본질과 유통 시스템의 재설계, 그리고 글로벌 확장성을 짚어줍니다. 퇴직 이후 잔여 인생을 고민하는 이들에게도 '남는 구조'의 의미를 다시 묻습니다.

김준학 / 관악중소벤처진흥원 대표이사 - 소상공인의 눈높이에서 실질적인 전략을 전하는 창업학 박사

차가운 숫자가 아니라 따뜻한 온기로 브랜드를 이야기합니다. 익숙한 사례를 누구나 공감할 수 있게 풀어내며, 숫자에 가려졌던 사람들의 표정과 이야기를 따뜻하게 비춰줍니다.

유민형 / 한국ESG경영인증원 원장·한국중소기업프랜차이즈협회 교육국장 - '잘 나가는'이 아니라 '잘 남는'을 고민한 책

시작과 이후를 함께 바라본 사람. 이 책은 숫자보다 태도, 속도보다 지속을 말하는 ESG 시대의 책임 경영 전략 에세이입니다.

박찬혁 / 세종사이버대 교수 - 필드의 단단함과 학술적 가치

시프트! 전환, 마인드셋 그리고 행동전략! 이 책은 브랜드 생존과 지속성장을 체계적으로 담아낸 전략서로, 경영학 연구와 교육 현장에 의미 있는 사례집이 될 것입니다.

공인원 / 11번가 전략기획팀 - 브랜드의 '진짜 색깔'

이 책은 그가 지난 20년간 설계해온 브랜드 생존의 구조와 사람 중심 전략을 집대성한 결과물입니다. 새로운 사업 아이템을 기획하고, 사업화를 준비하는 이들에게 새겨야 할 브랜드의 본질을 알려주는 전략서입니다.

황성보 / 동창원농협 조합장 - 본질 기반의 변화와 지속성장

수많은 조합원들의 성공과 실패, 그리고 지속성장을 지켜보며 깨달은 것은 결국 방향을 바꾸는 용기였습니다. 이 책은 그 용기를 실천으로 이어가려는 이들에게 든든한 길잡이가 됩니다. 농업이든 사업이든, 오래 남는 힘은 태도의 전환에서 비롯됩니다.

지은영 / 비너스와코루 강릉점 운영 - '브랜드 철학'을 가장 잘 설명할 사람

20년 전부터 성실함과 따스함으로 제 일처럼 함께 해주던 저자가, 이제는 창업자들의 길잡이가 되었습니다. 사람과 사람사이 신뢰를 중시하는 그의 철학이 고스란히 담긴 이 책을, 시인의 마음과 사업가의 눈으로 추천합니다.

박 석 / 강원특별자치도 교육청 장학사, (전)교사 - 교육처럼 다가오는 마인드셋

교육처럼 다가오는 책. 수업처럼 차분하고, 사람을 키우듯 브랜드를 성장시키는 이야기. 현장의 경험을 교육 에세이 언어로 풀어낸 기록입니다.

류경덕 / 총각네 야채가게 경영주 - 따뜻하고, 때론 뜨거운 나의 멘토

고등학교 졸업을 앞두고 오토바이 질주하며 노랑머리 날리던 시절! '목표 지향적 실전'과 '현장 중심의 비전'. 그때의 기억은 지금 골목상권 한복판에 선 제게 여전히 가장 강력한 용기이자 방향입니다.

이 책이 누군가에게도 그런 시작이 되기를 바랍니다.

최창범 / 중앙대학교 교수 (국제전략 전문가) - 전략처럼 읽히는 책

국제무대의 흐름을 연구해 온 제게도, 저자의 문장은 현장에서 길어 올린 생생한 전략의 언어로 다가옵니다. 이 책은 글로벌 시장을 꿈꾸는 이들에게 든든한 길잡이가 될 것입니다. 특히 해외진출 과정에서 필요한 국제전략적 통찰과 현장 적용의 균형을 제시한다는 점에서 더욱 가치 있습니다.

장명철 / (전)GS리테일 부장 - 선한 영향력

1993년 입대 전, 그리고 제대 후 다시 만난 현장. 매장 한 평 한 평을 전략의 무대로 삼을 줄 아는 '동네 형'이었습니다. 《Shift 마인드셋: 당신을 성공으로 이끄는 행동전략》은 그가 직접 증명해 온 브랜드 생존의 정수입니다.

김윤선 / LS오토모티브 경영지원본부 - 성공에 대한 절박으로 읽히는

성공에 대한 간절함을 넘어 절박함을 느끼는 현재와 미래의 창업가에게 이론적, 실무적 본보기가 되는 강력 추천 교재입니다! 에필로그에서 전하는 것처럼, 성공은 순간의 성과가 아니라 오래, 조용히 남는 힘에서 비롯됩니다. 이 책은 그 힘을 만드는 구조와 태도를 구체적으로 보여줍니다.

양현아 / 경영지도사 - 비즈니스 언어와 감성 언어의 다리

프로젝트 현장에서 본 그는 사람과 구조를 함께 설계하는 전략가였습니다. 브랜드가 남는 이유를 글로 정리한 이 책,

저 역시 현장에서 곁에 두고 싶은 교과서입니다.

조영애 / '양구 대월오골계숯불구이' 대표 - 함께한 자문? 전략! 실행!

다년간의 외식업 경영컨설팅은 매출·고객 관리부터 운영 방식까지 실질적 변화를 만들었습니다. 정성목 대표님의 원포인트 전략은 곧바로 현장에서

통하는 해법이었고, 이 책은 그 경험을 응축한 든든한 동반자입니다.

신명환 / 현대자동차 일도대리점(제주) 대표 - 태도 전환의 성장 마인드셋

치열한 영업 현장에서 오래 버티려면 방향과 태도의 전환, 곧 '전략'과 '마인드셋'이 필요합니다. 이 책은 자신만의 기준을 세우고자 하는 이들에게 깊은 메시지를 전하는 훌륭한 지침서입니다.

이덕호 / 광교자이공인중개사 대표, (전)대우전자&하이마트 점장 - 선택을 위한 행동 필사

유통 현장과 부동산 시장 모두 결국 사람의 선택과 신뢰가 성패를 가릅니다. 그 선택의 순간마다 방향을 바로잡을 힘을 전해주는 행동전략입니다. 늘 현장에서 답을 찾은 정성목 작가의 메시지는 더 믿음직합니다.

이경수 / 아파트 관리소장, (전)삼보 기획팀, (전)영어학원 대표 - 용기와 위로

직장 퇴직의 허무함과 소상공인의 치열한 현실을 누구보다 잘 알기에, 정성목 작가의 메시지가 크게 와닿습니다. 그는 늘 현장에서 답을 찾으며, 사람의 삶과 사업을 함께 지켜온 이입니다. 저처럼 인생의 전환기를 겪는 이들에게 용기와 위로를 주는 책입니다.

오상근 / 청운이앤씨 대표, (전)LG전자 광고마케팅부장, (전)북경한국인회 상임부회장

정성목 작가만큼 현장을 깊이 이해하고 행동으로 연결하는 전략가는 드뭅니다. 그는 한국은 물론 중국 현지에서도 '사람과 사업을 함께'를 고민하고 실천해 왔습니다. 이 책은 변화와 도전을 끝까지 동행해 줄 신뢰의 또 다른 이름입니다.

제춘기 / 대가떡 대표·떡 제조 명인 - 진짜 혁신은 본질에서

한 알의 쌀이 모여 떡이 되듯, 작은 경험과 성찰이 쌓여 브랜드가 완성됩니다. 수십 년간 떡을 빚으며, 본질을 지키는 일이야말로 가장 큰 혁신임을 배웠습니다. 제 길과도 닮아있는 이 책이 마음 깊이 다가옵니다.

김재현 / 삼성생명 26년 차 대리점주 - 설계된 방향은 결국 태도의 전환

은퇴를 앞둔 이들의 두려움은 돈이 아니라 방향의 상실입니다. 이 책은 제2의 삶을 설계하는 이들에게 든든한 길잡이가 됩니다. 결국 인생도 태도의 전환에서 다시 시작됩니다.

김제금 / 대전대학교&한밭대학교 겸임교수, 경영컨설턴트 - 필사의 힘

교단과 컨설팅 현장을 오가며 깨달은 것은, 지속성장의 힘은 지식보다 태도의 전환에서 나온다는 사실입니다. 이 책은 이론과 실무를 아우르며 변화를 두려워하지 않는 길을 제시합니다. 학생과 기업 모두에게 깊은 울림을 줄 것이라 확신합니다.

임성효 / 세무사, 전문직 500인 대표 - 행동전략이 힘은 결국 마인드셋

기업과 개인을 상담하며 깨달은 것은, 숫자 뒤의 힘은 결국 태도와 선택이었습니다. '마인드셋', '행동전략'은 방향을 다시 세우려는 이들에게 꼭 필요한 통찰을 줍니다. 전문가 모임을 이끌며 얻은 확신과도 일치합니다.

전향옥 / 『디지털마케팅 트랜스포메이션』 저자 - 오늘도 이름 없는 브랜드와 밥을 먹는 작가!

반짝이는 성공보다 오래된 진심이 담겼습니다. 그의 문장은 시장의 언어보다 식탁의 온기로 브랜드를 기억하게 합니다.

박세준 / 서울일보 논설위원, 한국자살예방시민연대 회장, (전)일자리방송 대표이사, (전)한국방송신문연합회 회장 - 기록으로 남는 전략

의 무게

이 책은 단순한 체험담이 아닌, 현장성과 전략적 통찰이 교차하는 기록입니다. 언론인의 눈으로 보아도, 창업과 경영의 본질을 구조적으로 짚어낸 실천적 텍스트라 평가할 만합니다.

한영위 / 경일대 교수 - 창업가의 가장 가까운 응원자

가르치는 자가 아니라, 늘 곁에서 함께 걷는 사람의 어조로 말을 건넵니다. 이 책은 거창한 이론을 나열한 교재가 아니라, 현장의 작은 언어와 땀방울을 담아낸 살아 있는 전략서입니다. 프롤로그에서 보여주듯, 성공은 언제나 거창한 아이디어가 아니라 단단한 '한 줄의 전략'에서 시작됩니다. 그 전략은 방향을 바꾸고, 위기를 넘어설 용기를 줍니다. 이 책은 창업가와 사업가, 그리고 연구자에게 실천의 길을 제시합니다.

이은경 / '온라인 마케팅' 앤드앤컴퍼니 대표 - 새로운 시작의 실전 전략서

이 책은 사업을 막 시작하는 사람은 물론, 이미 현장에서 버티고 있는 이들에게도 다시금 방향을 잡게 해줍니다. 성공과 실패의 순간마다 길어 올린 전략과 치열한 현장의 통찰이 담겨 있어, 변화와 도전을 준비하는 이들에게 든든한 길잡이가 될 것입니다.

이다윗 / 갓 청년 시인 - '시가 빛나' 우리가 함께

몸은 불편해도, 시는 멈추지 않았습니다.

"우리는 모두 빛나고 있으니, 서로의 빛이 되어줄 수 있어요."

그 문장은 제 시 속에서 피어났고,

현실 속에서는 몇 줄의 따뜻한 회신으로 되돌아왔습니다.

10년 전, '이재명 시장님'께서 올려주신 SNS 글들은

제가 멈추지 않도록 붙잡아 준 조용한 손길이었습니다.

그리고 그 길 위에서,

정대표님은 실천이라는 언어로 또 하나의 어깨를 내어주셨습니다.

'장애인기업 창업 사업화' 컨설팅 속에서, 그는 제 가능성을 묵묵히 비추어 주었고 그 빛은 지금도 제 시처럼, 누군가의 어둠에 닿기를 기다리고 있습니다.

저는 믿습니다.

시가 빛나듯,

사람 또한 서로의 빛이 될 수 있다는 것을.

1장

고추장보다 뜨거운 열정!
불가능을 요리하다

불가능을 요리하다

혁신적 방식의 전환
- 뷔페식 셀프 조리 방식
- 무한리필 떡볶이 모델
- 다양한 소스 토핑 조합

시장 틈새 공략
- 1020세대 스트리트 푸드 감성
- 경쟁 대비 차별화된 메뉴 구성
- 합리적 가격과 체류형 매장

위기를 기회로
- 고객 클레임 신속 대응 사례
- 가맹점 운영 문제 해결
- 파트너십 신뢰 유지

해외진출 기반 구축
- 안정적 파트너 발굴 관리
- 운영 매뉴얼 서비스 표준화
- 현지화 메뉴 개발

SHIFT MINDSET
그 날의 아이디어

"어떤 사람들은 세상을 있는 그대로 보고 '왜?'라고 묻습니다. 하지만 어떤 사람들은 결코 있던 적 없는 세상을 꿈꾸며 '왜 안돼?'"라고 묻습니다.

Some men see things as they are and say, "Why?"

I dream things that never were and say, "Why not?"

조지 버나드 쇼(George Bernard Shaw). 아일랜드 작가·정치 운동가·노벨 문학상 수상

버나드 쇼의 이 말처럼, 두끼의 시작도 바로 그 '왜 안돼?'라는 질문에서 비롯되었습니다.

> **질문의 전환 → 새로운 시작**
> "왜 안돼?"라는 질문은, 기존의 한계를
> 브랜드의 출발점으로 변경

그저 떡볶이를 팔려고만 시작한 건 아니었습니다.

우리는 바랐습니다. 조금 더 따뜻한 식탁이 되기를. 허기진 하루를 달래줄 온정, 친구와 나누는 수다 한 접시. 그리고 혹시, 누군가에겐 잊고 지낸 '어릴 적 기억'을 떠올리게 하는 공간이 될 수 있다면.

떡볶이란, 늘 거리의 음식이었죠. 작은 포장마차에서 빨간 국물에 꼬치 하나 얹어 먹던 그 장면. 기억나시나요?

> **음식의 판매 → 경험의 설계**
>
> 한 끼의 식사가 아니라,
>
> 한 사람의 하루를 바꾸는 경험으로 판매

그 익숙함을 새롭게 요리하고자 한 사람들이 있었습니다.

두끼라는 이름을 처음 들은 건 2022년 여름, 대전시청 명사특강 현장이었습니다.

자영업닥터제 컨설팅을 준비하던 저는 김관훈 대표를 연사로 모셨죠. 그날, 그가 무대 위에서 이렇게 묻더군요.

"여러분, 나만의 이야기를 써 본 적 있으신가요?"

낯선 질문은 아니었습니다. 오히려 한 브랜드를 통해 자신의 이야기를 조용히 써 내려가는 사람의 말처럼 느껴졌습니다.

그로부터 1년 후, 제가 '외식 프랜차이즈 기업의 해외 진출 전략'을 주제로 학술지 논문을 준비하고 있었던 때였죠.

"대표님, 두끼 해외 진출 전략 관련해서 좀 더 자세히 들을 수 있을까요?"

"우리 해외사업팀장 한번 만나보시죠. 두끼의 진짜 이야기는 거기서 시작됩니다."

그렇게 저는, 두끼의 글로벌 전략을 이끌고 있는 해외사업팀장을 직접 만나게 되었습니다.

국내의 성공 → 문화의 수출

해외 진출은 메뉴 확장이 아니라,

정서를 재구성하는 것

베트남, 태국, 인도네시아—

그가 들려준 아세안, 북미 등 해외 시장에서의 두끼 이야기는 단순한 매출 보고가 아니었습니다.

'아, 문화가 진짜 수출되고 있구나.'

그 순간, 저는 그렇게 느꼈습니다. 이 브랜드는 그저 음식을 파는 게 아니었습니다. 한 그릇을 매개로, 하나의 문화를 설계하고 있었던 겁니다.

그리고 2024년 여름, 박사 논문 마무리를 위해 하노이 빈컴 메가몰 스마트시티의 두끼 매장을 찾았습니다. 매장 안에서 가이드는 말했습니다.

"이쪽이 저희만의 연유 디핑 코너예요. 베트남 분들이 튀김을 단맛과 함께 즐기는 문화가 있거든요."

그 옆에는 허브 향이 스민 고추장 소스, 그리고 익숙한 듯 낯선 인사.

"두 끼 드시고 가세요."

직원들의 말은 서툴렀지만, 그 진심은 또렷했습니다. 그 순간, 저는 알았습니다. 이곳은 단순한 식당이 아니었습니다. 한국의 정서와 감각이 낯선 도시의 일상에 자연스럽게 스며드는 작은 플랫폼이라는 걸요.

> **진심 서비스 → 현지 일상 속 문화 플랫폼으로 확장**
>
> **태도가 신뢰를 만들고, 경영주 성공 중심 철학이**
>
> **글로벌 시장에서도 일관된 브랜드 가치를 실현**

두끼는 말합니다.

"본사의 성장이 아니라, 가맹 사장님의 성공이 곧 우리의 성장입니다."

그 말은 이상이 아니라, 수많은 매장 하나하나에서 실현되고 있었습니다. 저는 그 브랜드의 철학과 시스템, 그리고 사람을 중심에 둔 이유가 궁금해졌습니다. 그래서 이 이야기를 단순한 성공사례로 남기기보다, 브랜드가 어떤 마음에서 시작되어 어떤 방식으로 세계와 연결되어 가는지를 차분히 따라가 보려 합니다.

이 책은, 한 그릇 안에 담긴 떡볶이의 온도와 그 너머의 철학에 대한 이야기입니다. 그리고 그 가치를 만들어낸 사람들의 열정과 그 열정이 남긴 한 끼의 진심에 관한 기록입니다.

두끼 철학

가맹 사장님의 성공이 곧 가맹본부의 성장

확장 방식

철학이 운영모델로 구조화될 때, 지속 가능한 확장 가능

문화·감성

두끼의 식사는 한국의 감성을 글로벌화하는 언어

1. 세 가지 전문성이 만든 한 그릇

두끼라는 브랜드를 이야기할 때면 저는 늘 세 사람을 떠올리게 됩니다. 그들이 아니었다면, 이 브랜드는 지금의 모습으로 존재하지 않았을지도 모릅니다.

> **브랜드 철학 → 전략화**
>
> **맛, 공간, 숫자라는 서로 다른 전문성이 한 방향으로**
>
> **맞춰질 때, 비로소 브랜드 철학이 전략으로 구체화**

한 사람은 음식의 본질을 깊이 파고들었고, 또 한 사람은 공간을 흐름으로 디자인했으며, 마지막 한 사람은 숫자 너머의 지속 가능성을 읽어낸 사람이었습니다.

그들의 만남은 단순한 협업이 아니라, 하나의 브랜드 전략이 완성된 순간이었습니다.

김관훈 대표는 '떡볶이'보다 먼저 '정서'를 이야기한 사람이었습니다.

"한국인은요, 단순히 매운맛만 찾지 않아요. 그 안에 담긴 익숙한 '정'을 함께 먹는 거예요."

그가 개발한 여섯 가지 소스 - 마늘, 고추, 간장, 해물, 크림, 카레 -

고객이 스스로 조합하고, 자신만의 맛을 만들 수 있게 설계된 것이었습니다. 그건 단순한 조합이 아니라, 맛의 체계화된 민주화이자 놀이화였습니다.

남승우 대표는 매장을 '공간'이 아닌 '리듬'이라 불렀습니다.

"고객이 트레이를 들고 입장해서 채소, 소스, 튀김, 떡, 음료까지 자연스럽게 흘러가야 합니다. 그 흐름이 바로 기억을 만들죠."

> **전략 → 구조**
>
> 철학이 운영 프로세스와 수익구조로 구조화되면,
>
> 재현 가능성과 확장성 확보

그는 브랜드란 단어 대신 사람이 머무는 흐름을 이야기했습니다. 박도근 대표는 늘 조용했지만, 숫자를 말할 때는 한 치의 흐림도 없었습니다.

"체류시간 42분, 회전율 1.5배. 재료비 1,400원, 판매가 9,000원이면 충분히 수익이 나옵니다."

하지만 그는 숫자만 들여다보는 사람은 아니었습니다. 튀김 교체 시간, 소스 리필 주기, 고객 밀도까지 읽어내며 매장을 유기체처럼 바라보는 사람이었습니다.

세 사람은 서로 다른 언어를 쓰는 듯 보였지만, 향하는 방향은 같았습니다.

"나는 맛으로 말하겠습니다."

김관훈님은 그렇게 시작했습니다. 남승우님은 공간 리듬으로, 박도근님은 숫자로 브랜드를 완성해갔습니다.

그렇게 탄생한 브랜드가 바로 '두끼'였습니다. '떡볶이로 두 끼를 먹는다'는 말 속에는 수많은 실험과 대화가 숨어 있었습니다.

저는 그들의 이야기를 들으며 이 브랜드가 단지 프랜차이즈가 아니라 사람의 이야기라는 걸 느꼈습니다. 맛, 공간, 수익구조 위에 사람이라는 네 번째 축이 놓였고, 그 철학은 지금도 전 세계 곳곳에서 조용히 반복되고 있습니다.

구조 → 문화

재현된 매장 경험이 쌓이면서,

경영주와 고객이 함께 만드는 '브랜드 문화' 확장

두끼는 결국 음식 하나로 연결된 세 사람의 진심에서 출발했습니다. 그리고 지금도, 그 위에 새로운 경영주들의 가능성과 고객의 기억을 쌓아가고 있습니다.

2. 생태계를 움직이는 방식

두끼는 빠르게 성장한 브랜드였습니다. 놀라운 건, 그 속도만이 아니라 확장될수록 더 안정되어 보였다는 점이었습니다. 보통 브랜드는 빠르게 늘어날수록 문제가 생기기 마련이죠.

"왜일까?"

저는 그 이유를 이렇게 표현하고 싶습니다.

시스템화된 배려라고요.

> **시스템 설계 → 경영주 성장**
>
> **사람을 통제하는 대신 성장할 수 있도록 설계한 운영 구조가**
>
> **빠른 확장 속도에도 안정성 가능**

두끼의 핵심은 사람을 통제하는 방식이 아니라, 사람이 성장할 수 있도록 설계된 시스템에 있었습니다.

모든 소스는 본사에서 반조리 상태로 공급되어 매장에선 데우기만 하면 됩니다. 맛의 일관성을 유지하면서도 누구나 운영할 수 있는 시스템이죠.

> **동선 최적화 → 고객 경험 향상**
>
> 자연스러운 흐름과 일관된 맛을 유지하는 시스템이
> 고객 만족과 운영 효율을 동시에 높임

매장 동선도 마찬가지입니다. 트레이를 든 고객이 채소-소스-튀김-떡-음료까지 자연스럽게 흐르는 설계.

"그것은, 바로 "CSM에서 CRM으로 그리고 다시 CEM으로 진화한 '고객경험관리'

> ***CSM** (Customer Satisfaction Management) - 고객만족관리
> ***CRM** (Customer Relationship Management) - 고객관계관리
> ***CEM** (Customer Experience Management) - 고객경험관리

아주 치밀하게 설계된 '고객 여정'이었죠.

> ***고객 여정 지도(Customer Journey Maps)**
>
> 고객이 매장에 들어와 음식 선택·조리·식사·퇴장까지 거치는 전 과정을 설계해, 각 단계마다 만족·재방문·브랜드 기억이 강화되도록 만든 동선과 경험 구조, 고객 여정 지도는 고객 만족과 운영 효율을 동시에 높임

고객은 선택의 자유를 느끼고, 운영자는 관리 효율을 높입니다. 하나의 동선 안에, 자유와 정교한 시스템이 함께 숨 쉬고 있었습니다. 직원은 필요한 곳에만 집중할 수 있으니 서비스 품질도 지켜집니다.

가맹점을 준비하는 예비 경영주들은 일산 창업지원센터에서 실제 리허설을 경험합니다. 피크타임을 가정해 소스를 리필하고, 손님 응대를 해보죠. 점심 피크 타임을 가정한 리허설, 소스 리필 타이밍까지 체험해보죠.

단순한 교육이 아닙니다. 본사의 매출이 아니라, 경영주의 생존력을 먼저 생각하는 시스템입니다.

운영의 중심에는 IT 기반 시스템이 있습니다. 전국 매장의 POS가 본사와 실시간으로 연동되고, 매출, 재고, 고객 흐름은 자동 분석됩니다. 예를 들어 "이 지역은 매운맛 선호도가 높다"는 정보, "B매장은 튀김 리필 속도가 느리다"는 분석은 즉각 메뉴나 교육에 반영됩니다.

놀라운 건, 이런 시스템을 운영하는 본사 인력이 2024년 기준 60명 남짓이라는 점입니다.

비결이 뭘까요?

바로 중앙통제가 아닌, 현장 분권형 운영이었습니다.

> **지역 분권 → 지속 가능성 확보**
>
> 본사 집중 대신 권역별 슈퍼바이저 체제를 두어
> 지역 일자리와 매장 역량 강화

전국을 7개 권역으로 나누고 슈퍼바이저가 '감시자'가 아닌 '조력자'로 활동합니다. 본사의 덩치를 키우는 대신 지역 일자리와 매장 역량을 키운 거죠. 매장당 6~10명 고용. 단일 브랜드가 만들어낸 수천 개의 일자리. 두끼는 이제 지역 생태계의 일부가 되었습니다.

물론, 시스템도 위기를 겪은 적이 있습니다. 2017년, 한 매장에서 튀김 기름 교체 문제가 발생했죠.

"이건 바로 사과해야 합니다."

본사는 빠르게 입장을 발표했고, 위생, 운영 매뉴얼을 전면 개편했습니다.

> **위기 대응 → 신뢰 강화**
>
> 문제 발생 시 즉각적인 사과와 시스템 개선으로
> 신뢰를 회복하고 브랜드 가치 제고

그 사건은 브랜드에 상처가 아닌 신뢰를 회복하는 전환점이 되었습니다. 이후 두끼는 위기 대응을 시스템의 본질로 끌어올렸습니다. 그 과정을 보며 저는 생각했습니다.

'좋은 시스템은, 사람이 다치지 않게 설계된 것이다.'

두끼는 시스템을 '갖춘' 브랜드가 아니라,

사람 중심으로 자라난 생태계입니다.

누구나 경영주가 될 수 있었고,

어느 매장이든 비슷한 경험을 제공할 수 있었으며,

그렇게 두끼는

외식 브랜드를 넘어,

하나의 글로벌 플랫폼이 되어가고 있습니다.

3. 소울푸드 문화로 수출하라

"이제 글로벌 시장을 노립니다."

해외로 진출한 많은 브랜드가 흔히 하는 말입니다. 하지만 그 말엔 종종, '우리가 가진 걸 그대로 들고 가도 된다'는 은근한 착각이 깔려 있곤 하죠.

두끼는 달랐습니다. 진출보다 '공존'을 선택했습니다.

> **진출 방식 → 공존 전략**
>
> **해외 시장에서는 현지 기업과 협력해,**
>
> **그들의 생활 속에 자연스럽게 스며드는 방식 선택**

2018년, CJ푸드빌 출신의 J팀장이 두끼 해외사업팀장으로 합류하면서 처음으로 바다 건너의 식탁을 상상하게 됩니다.

그의 첫마디는 인상 깊었습니다.

"브랜드보다 먼저, 문화가 준비되어야 합니다."

첫 목적지는 베트남. 젊은 층, SNS, 한국 음식에 익숙한 문화까지 두끼의 모델과 잘 어울렸죠.

하지만 그들은 한국 것을 그대로 가져가지 않았습니다. 현지 기업과 손잡고 모든 것을 '그들 방식'으로 풀었습니다.

"우리가 간 게 아니라, 그들의 일상에 스며드는 거예요."

2019년 하노이 1호점이 문을 열었고, 두끼는 처음으로 국경을 넘었습니다.

> **현지화 → 브랜드 일관성 유지**
>
> 문화·종교·취향에 맞춰 메뉴와 운영을 조정,
>
> '맛보다 기억, 메뉴보다 경험, 브랜드보다 문화'라는 철학 유지

하지만 그다음이 더 흥미로웠습니다. 태국에서는 매운맛 단계를 조절했고, 인도네시아에서는 할랄 인증 후 닭고기 중심으로 메뉴를 재설계했죠. 그들은 어느 나라에서도 '같은 방식'을 고집하지 않았습니다. 하지만 그럼에도 불구하고, 어디를 가든 두끼는 늘 두끼답게 존재했습니다.

그 중심엔 이런 철학이 있었습니다.

맛보다 기억.

메뉴보다 경험.

브랜드보다 문화.

두끼는 지금,

외식 브랜드를 넘어
'문화 플랫폼'으로 진화하고 있습니다.

4. 하노이의 고추장 '떡볶이의 재해석'

2024년 여름, 하노이 빈컴 메가몰 스마트시티. 저는 두끼의 해외 1호점을 찾았습니다. 서울에서 보았던 두끼 매장과는 조금 달랐습니다. 무엇보다 공간이 현지에 잘 어우러져 있었습니다. 그런데 이상하게도 낯설지 않았습니다. 튀김 냄새에 허브가 은은히 스며든 고추장 향. '두끼가 여기에 진출했다'는 느낌보다는, '이곳에 맞게 다시 태어났구나' 하는 생각이 먼저 들었습니다.

> **현지 적응형 메뉴 → 익숙함과 새로움의 공존**
> 허브 고추장·반미 튀김 등 현지 재료와 조리법을 적용해,
> 기존 고객의 기억과 새로운 경험을 동시 제공

소스는 바질이 섞인 허브 고추장이었습니다. 맵기보다 향긋함이 먼저 느껴졌고, 해산물 국물은 익숙한 어묵탕을 떠오르게 했습니다. 튀

김 바에는 반미 튀김과 새우볼이 놓여 있었고, 그 옆에는 연유 소스가 함께 준비되어 있었습니다. 낯선 조합이었지만, 고객들의 표정은 무척 자연스러워 보였습니다.

"이런 게 있었지."

어느 고객이 중얼거리듯 말하는 그 한마디에서 익숙함과 새로움이 공존하고 있다는 사실을 느꼈습니다.

벽면에는 한글 네온사인이 걸려 있었습니다.

"오늘도 두 끼 드시고 가세요."

그 아래에서 사진을 찍는 현지 고객들, 그리고 서툰 한국어로 "감사합니다"를 건네는 직원들. 짧고 서툴지만, 그 안엔 존중이 있었습니다. 그리고 브랜드의 태도가 있었습니다. 두끼는 여기서 '매장을 열고 있는 것'이 아니라 '기억을 선물하고 있구나' 싶었습니다.

이건 단지 성공적인 진출이 아닙니다.
감각을 나누고,
문화를 공유한 과정입니다.

> **브랜드 진출 → 문화·기억 공유**
>
> 두끼는 단순히 매장을 확장한 것이 아니라,
>
> '소울푸드'라는 기억을 현지 식탁에 놓으며 존중과 태도 전달

두끼는 떡볶이를 수출한 것이 아니라, '소울푸드'라는 기억을 그 나라 사람들의 식탁에 조심스럽게 놓아둔 것이었습니다.

이제 다음 장에서는, 이처럼 하나의 브랜드가 단순한 외식 브랜드를 넘어, 어떻게 생태계로 진화해 가는지를 살펴보려 합니다.

5. 두끼의 미래, 생태계로 완성되다

두끼는 이제 '프랜차이즈'라는 말만으로는 설명되지 않습니다. 단순히 매장을 늘리는 게 아니라, 경험을 복제하고, 철학을 전파하는 생태계. 그 중심에는 사람과 문화가 있었습니다.
"우린 경영주님을 '운영자'라고 부르지 않아요."
본사는 언제나 그렇게 말합니다.
"사장님이 곧 브랜드입니다."

> **사람 중심 운영 → 신뢰 기반 성장**
>
> **본사는 모든 걸 통제하지 않고, 데이터와 도구를 공유하며**
>
> **경영주가 스스로 성장할 수 있는 여건 조성**

두끼의 본사는 모든 걸 통제하지 않습니다. 대신, 데이터와 도구를 공유합니다. 결정은 경영주가 하고, 본사는 그 과정을 경영의 파트너로서 함께합니다. 누구나 시스템 안에서 자신의 방식으로 성장할 수 있게 되었죠.

글로벌 확장도 마찬가지였습니다.
베트남에선 Dookki Saigon,
인도네시아에선 Dookki Jakarta.

> **현지화 네이밍 → 공존형 글로벌 확장**
>
> **국가별 문화·언어에 맞춰 브랜드명을 변형하고,**
>
> **철학은 유지하는 '공존' 방식으로 진출**

같은 간판이 아닌, 현지와 함께 이름을 바꿔가며 브랜드를 '공존'의 방식으로 번역한 겁니다.

"우리 걸 그대로 가져가면 안 돼요. 그들의 방식으로, 우리의 철학을 나눠야 하죠."

해외사업팀의 말은 단순했지만 깊었습니다.

두끼는 더 이상

한 브랜드를 해외로 '보낸' 것이 아닙니다.

현지의 식탁에 녹아들어,

또 하나의 생태계로 함께 자라는 플랫폼이 되었습니다.

플랫폼이라고 하면, 보통은 IT 시스템이나 자동화를 떠올립니다. 하지만 두끼의 플랫폼화는 달랐습니다. 출발점은 데이터가 아니라, 사람이었습니다.

"회전율, 재고, 소스 선호도… 이런 수치들을 어떻게 활용하죠?"

데이터·AI·CRM → 사람을 위한 기술

회전율·재고·선호도 데이터를 경영주와 나누고,

AI·CRM은 효율을 높이되 목적은 '사람을 위한 기술'

본사는 그 데이터를 경영주와 함께 나눴고, AI는 발주를 돕고, CRM은 고객의 기억을 이어줬습니다. 하지만 진짜 핵심은 기술이 아니었습니다. 그 모든 건 사람을 위한 기술이었으니까요. 가장 인상 깊었던 건, '사람을 키우는 시스템'이었습니다.

> **인재 육성 시스템 → 브랜드 지속성 강화**
>
> **중간 관리자 사관학교, 감정 케어, 피로도 진단 등**
>
> **인재 중심 설계로 장기적인 브랜드 신뢰 구축**

중간 관리자 사관학교, 슈퍼바이저 감정 케어, 본사 직원의 외부 연수, 가맹점 피로도 진단까지.

"그냥 직원 복지인가요?"

아닙니다. 이건 브랜드를 오래, 진심으로 지켜가기 위한 '신뢰의 설계도'였습니다. 두끼는 떡볶이를 파는 브랜드가 아니라, 사람을 이해하고 존중하는 방식을 설계해온 브랜드였습니다. 지금도 조용히, 그러나 한 뼘씩 견고하게 그 철학을 쌓아가고 있습니다.

이 브랜드를 처음 만났을 때, 그들이 말하던 한마디가 기억납니다.

"음식은 팔 수 있지만, 철학은 빌려주지 않습니다."

많은 브랜드가 빠르게 성장하려다 철학을 잃고, 많은 점포가 크게 벌기 위해 사람을 잊습니다.

하지만 두끼는, 속도보다 방향을, 확장보다 토대를 선택했습니다.

> **속도보다 방향 → 가치·기억 설계 플랫폼**
> 두끼는 단순한 맛 완성을 넘어, 가치와 기억을 남기는
> 플랫폼으로 진화하며 지속 가능 구조로 시작

무엇보다 사람과 사람 사이의 온기를 먼저 생각해 왔습니다.

떡볶이는 뜨거운 음식입니다. 두끼는 그보다 더 뜨거운, 고추장 같은 열정으로 불가능을 요리해 온 브랜드입니다. 앞으로도 두끼의 식탁 위에는 단지 음식이 아니라, 사람과 철학, 그리고 작지만 분명한 가능성이 함께 놓이게 될 겁니다.

이 브랜드는 이제 단순한 맛의 완성을 넘어,
가치를 남기고
기억을 설계하는 플랫폼이 되어가고 있습니다.
그리고 그 여정의 끝은,
언제나 또 하나의 따뜻한 시작이 될 것입니다.

두끼떡볶이의 시프트 정의

시프트는 기존 전략이 한계에 부딪혔을 때, 핵심 철학은 유지하되 방향을 과감히 전환하는 선택으로, 두끼는 "떡볶이를 파는 음식점"에서 "고객이 직접 요리하는 경험 플랫폼"으로 사업 정의를 바꾼 것이 대표적 시프트 사례입니다.

핵심 시프트 순간

• 제품 → 경험

초반엔 분식집처럼 조리해 제공했지만 반응이 평범했음.

→ 고객이 직접 재료를 담고 조리하는 DIY 뷔페로 전환

→ 결과: 단순 '먹는 음식'에서 '참여 경험'으로 정체성 강화

• 국내 → 글로벌

해외에서 떡볶이는 낯설어 한계가 있었음.

→ 'K-소울푸드'로 재정의하고, 현지화(Localization) 전략 적용

→ 결과: 베트남, 일본 등에서 K-푸드 대표 브랜드로 성장

요약: 두끼의 시프트는 제품 중심 음식점 → 고객 경험 플랫폼 → 글로벌 K-브랜드라는 2단계 전환으로 집약됩니다.

한눈에 보는 한국 떡볶이 콘셉트 & 브랜드 변천사

1. 1950~1960년대 - 고추장 떡볶이의 탄생기

- **콘셉트:** '길거리 간식'의 시작
- **특징:** 간장 기반 궁중떡볶이에서 고추장 양념 떡볶이로 변화. 서민들의 저렴한 간식으로 자리 잡음.
- **대표 브랜드/장소:** 신당동 마복림 할머니 떡볶이

2. 1970~1980년대 - 분식집 전성기

- **콘셉트:** 학교 앞과 시장 중심의 '분식 문화' 확산
- **특징:** 떡볶이, 튀김, 순대의 '분식 3종 세트' 완성. 가격 경쟁력과 푸짐함이 핵심.
- **대표 브랜드/형태:** '분식집' 형태 (브랜드화 이전 단계)

3. 1990년대 - 초기 프랜차이즈화

- **콘셉트:** 표준화된 메뉴와 운영 매뉴얼 도입
- **특징:** 식자재 유통망 개선, 매장 인테리어 통일, 경영주 교육 프로그램 시작

- **대표 브랜드:** 죠스떡볶이(1997), 오감만족 떡볶이 등

4. 2000년대 - 프리미엄 & 차별화 시도

- **콘셉트:** '분식'에서 '브랜드 외식'으로 업그레이드
- **특징:** 다양한 소스(크림·짜장), 토핑·사이드 메뉴 강화, 청결한 매장 이미지
- **대표 브랜드:** 죠스떡볶이, 국대떡볶이, 올떡, 나누리

5. 2010년대 - 대형 프랜차이즈 & 글로벌 진출

- **콘셉트:** 해외 시장으로 확장, 'K-FOOD' 대표 메뉴화
- **특징:** 무한리필, 셀프바, 다양한 식사형 메뉴로 진화
- **대표 브랜드:** 두끼떡볶이(2014, 베트남(126개)·태국·싱가포르·태국·호주·미국 등 진출), 동대문엽기떡볶이(매운맛 콘셉트 강화, 일본·미국 진출)

6. 2020년대 - 퓨전·온라인·간편식 시대

- **콘셉트:** HMR(Home Meal Replacement) & 글로벌 퓨전
- **특징:** 마켓컬리·쿠팡 등 온라인 유통, 한류 콘텐츠와 연계, 다양한 해외식 스타일(이탈리안, 멕시칸) 접목
- **대표 브랜드:** 두끼, 엽기떡볶이, 청년떡볶이, 불스떡볶이, 오프라인+배달 전문점

[참고 자료]

1. 두끼 공식 웹사이트 - 창업 | 두끼떡볶이

2. 나무위키 - 두끼떡볶이

3. 케이스뉴스 - 매출 2730억 국내 떡볶이 프랜차이즈 1위 두끼 차별화는 '이것'

4. 조선일보(백형선) - '열정 없는 김대리'가 만든 떡볶이... 작년 2400만 그릇 팔았다 (2024)

5. 매일경제 - 떡볶이로 해외서 1200억?…'두끼' 알고 보니 글로벌 기업이었네

6. YouTube(부자 되자) - 떡볶이로 연 매출 1000억!! 두끼떡볶이 창업자의 성공 비법?

7. 네이버 블로그(voice90) - "현지 입맛에 따라 재료를 다양하게" 즉석떡볶이를 '고급 한식'으로 ... (2023)

8. 브런치(남승우) - 두끼떡볶이, 치킨플러스 창업자의 이야기

9. YouTube(세바시) - 김관훈 '두끼 떡볶이' 대표 | 성공 도전 동기부여 행동 |

10. 고구마팜 블로그 - 가만히 있어도 바이럴 되는 레시피? 두끼가 USP를 캠페인으로 만든 비결

11. Alnassar, F. (2017). Franchising and the Internationalization of Businesses: "Franchising is an effective means of internationalization… increases revenues." 프랜차이즈 방식이 해외 진출을 확대하고 수익 증대에

기여한다고 분석하고, 15개 글로벌 외식 프랜차이즈 사례 분석 후, 매장 수와· 고용 수의 확대가 수익 증가에 직결됨을 통계적으로 증명. '프랜차이즈 → 매장 및 수익 증가'

12. C.M. Sashi & D.P. Karuppur (2002). Franchising in Global Markets: "Franchising facilitates efficient transactions globally… rationale for establishing master franchises." 본사와 현지 파트너의 신뢰 구축이 급속 확장의 본질이라는 점을 강조하며, 프랜차이즈 방식이 거래 비용 저감, 제휴 기반의 시장 적응력 강화에 효과가 있다고 학술적으로 분석. '브랜드는 조직을 움직이는 힘'

13. Abd Aziz et al. (2021). Determinants of Global Expansion: "Branding can compel a workforce toward a common goal." '브랜드와 본사 지원 체계'가 글로벌 확장의 핵심이라는 점을 강조

14. 정성목, 이일한 (2023). 외식프랜차이즈 기업의 해외 진출 전략에 관한 사례 연구

15. 정성목, 이일한 (2025). 소비자 정체성이 브랜드 인지도에 미치는 영향 _ 외식 프랜차이즈 기업의 해외 진출 전략을 중심으로

2장

남기듯 확장한다

어묵의 지속 전략

본질을 지키다

정체성 재정립
- 3대째 이어온 전통 계승
- '동네 어묵'에서 브랜드로 전환
- 핵심 철학과 스토리 재구성

제품·경험 혁신
- 프리미엄 간편식 라인 개발
- 현장 체험형 매장 운영
- 지역 특산물과 레시피 결합

선별적 확장 전략
- 무리한 점포 확장 지양
- 핵심 상권 관광지 중심 출점
- 생산·유통 효율화

글로벌·로컬라이징 병행
- 해외 박람회 판로 개척
- 현지 입맛에 맞춘 제품 조정
- 로컬 스토리와 글로벌 트렌드 결합

SHIFT MINDSET

삼진어묵, 정체성의 변화

부산. 그 바다의 도시에서 겨울마다 피어오르던 작은 하얀 김의 기억. 떡볶이보다 먼저 떠오르던 간식, 뜨거운 국물 속 정겨운 어묵 한 꼬치.

> **전통의 재발견 → 브랜드화 → 글로벌 진출**
>
> 버려졌던 지역의 맛을 복원하자,
>
> 프리미엄 가치가 생기고 세계가 주목

하지만 한때 어묵은 '싸구려'였죠. 밀가루가 반, 생선은 그보다 적은—포장마차 옆에서 허기를 달래는 음식.

그래서였을까요. 누구도 어묵에 브랜드를 입히려 하지 않았습니다. 전통이지만, 존중받지 못하던 전통.

그때, 삼진어묵은 거꾸로 물었습니다.

"어묵은 왜 싸구려여야 하나요?"

"어묵은 왜 그냥 추억에 머물러야 하죠?"

그리고는 옛 방식을 꺼내 들었죠. 생선살을 갈고, 천천히 반죽하고, 기계 대신 손으로 튀기는 법.

그 전통은 다시 살아났고, 부산을 넘어 백화점으로, 서울로, 그리고 일본 오사카까지 퍼져나갔습니다. 추억 속 간식은 프리미엄 브랜드가 되었고, 포장마차 음식은 이젠 수출 품목이 되었죠. 삼진어묵은 '글로벌'이란 말을 거창하게 내세우지 않았습니다. 대신, 자신들의 '동네'를 지켰습니다.

동네 철학 → 글로벌 확장

정체성을 지키면, 세계가 먼저 찾아오는 기회 창출

"음식은 그 어떤 것도 할 수 없는 방식으로 한 장소를 살아 숨 쉬게 만든다."

Food can bring a place to life in a way that nothing else can.

요탐 오톨렌기(Yotam Ottolenghi), 영국 요리사·음식 작가

삼진어묵은 바로 그 믿음을 실천했습니다. 그 동네 철학을 담은 제

품이 세계 테이블에 오르도록 말이죠.

삼진어묵의 전략은 로컬라이징의 반대가 아닙니다. 진짜 로컬을 깊이 파면, 글로벌이 먼저 다가옵니다. 삼진어묵이 보여준 건 정체성의 깊이, 그 힘이었습니다.

이번 장에서는, 그들이 어떻게 지역 전통을 현대화하고, 브랜드를 구조화하며, 해외 시장에 안착했는지를 함께 살펴봅니다. 그리고, 조용히 묻고 싶습니다.

당신의 '동네'는— 얼마나 깊이 파고들 준비가 되어 있나요?

전통 재해석
잊힌 제조방식을 되살려 현대적 감각으로 재해석

동네 철학
지역 뿌리를 지키며 스토리를 담은 브랜드 구축

글로벌 공감
로컬의 진정성이 세계 시장에서 통하는 확장 전략

1. 삼진어묵의 부활 '과거를 지우지 않고 다시 쓴다'

부산 영도. 바다와 포구, 공장과 시장이 뒤섞이던 1950년대. 전쟁 직후, 피란민들의 삶은 작은 생계 수단에서 시작됐습니다. 그중 하나, 생선을 갈아 어묵을 만들던 가내수공업. 삼진어묵의 시작이었습니다.

1953년, 창업주 박재덕 대표. 기계도, 체계도 없던 시절.

> **본질 유지 → 시대 초월**
>
> **정체성을 지키면, 세월이 변해도 살아남는 힘**

하지만 생선을 넣는다는 기본만큼은 끝까지 지켜냈습니다. 정성 하나로 버텼던 세월이었죠. 그러다 시간이 흘렀습니다. 포장마차가 늘었고, 맛보다 가격이 앞서던 시대. 삼진어묵도 바뀌었습니다. OEM, 대형마트 납품... 간판은 있었지만, 브랜드는 사라졌습니다. 사람들은 어느새 삼진어묵을 그냥 '어묵'이라 불렀죠. 누구나 만들고, 누구나 대체할 수 있는 그저 그런 제품 중 하나.

2011년, 3세대 박용준 대표는 고민에 빠졌습니다.

'이걸 계속해야 할까, 아니면 여기서 접을까?'

재현이 아닌 재해석

낡은 방식을 멈추고, 품격 있는 어묵으로 변화, 개선

그는 고민 끝에 '접는 대신 다르게 펴는 길'을 택했습니다.

"재현이 아니라, 재해석이다."

먼저 낡은 생산라인을 멈췄습니다. 다시 생선을 갈고, 식감을 살리고, 첨가물을 걷어냈죠. 그리고 말했습니다.

"이건 그냥 간식이 아니라 부산의 품격이야."

정체성도 새로 입혔습니다. 수제 어묵이 아닌 '부산어묵의 품격'이란 슬로건. 그리고 결정적인 선택. 마트를 떠나 백화점으로 들어갔습니다. 낮은 가격이 무기였던 어묵을 프리미엄 식문화로 격상시켰습니다.

가격에서 기억으로

싸게 파는 음식이 아닌, 경험을 주는 브랜드

'그저 싸게 파는 어묵'이 아니라 '기억을 건드리는 음식'으로. 기름내 나는 간식이 아닌, 정갈한 한 끼로.

삼진어묵은 달라졌습니다. 그때부터였습니다. 사람들이 삼진어묵을 다시 브랜드라 불렀던 건.

"제품이 아니라, 경험으로 기억하기 시작한 거죠."

그 부활의 바닥에는 본질에 대한 성찰, 그리고 과거를 지우지 않고 다시 쓰는 용기가 있었습니다.

그들은 이렇게 묻지 않았습니다.

"왜 우리 걸 사야 하죠?"

> **"왜 팔아야 하지?"가 아니라 "왜 만들고 있는가"**
> **라는 질문에서 시작된 정체성**

대신 스스로에게 이렇게 되물었죠.

"우린, 왜 이걸 만들고 있었을까?"

2. 브랜드의 재정의 – "어묵을 다시 보다"

어묵은 언제나 거기 있었습니다. 버스 정류장 옆 포장마차, 마트 냉장 코너, 분식집 철판 위. 하지만 삼진어묵은 물었습니다.

"사람들은 정말 어묵을 '본다'고 할까? 아니면 그냥 지나치듯 소비할 뿐일까?"

박용준 대표는 믿었습니다. 어묵이 단지 간식이 아니라, 기억이 될 수 있다고.

그 믿음은 매장부터 달랐습니다.

> **'보는 소비'로 전환**
> **지나치는 간식을, 보고·기억하는 경험으로 전환**

2013년, 부산 영도 봉래시장에 문을 연 삼진어묵 본점. 거긴 단순한 매장이 아니었습니다. 어묵의 시간과 손맛이 전시된 박물관, 퍼포먼스 키친이 있는 체험 공간, 그리고 '부산의 품격'을 담은 브랜드 무대였습니다.

"우리가 파는 건 그냥 어묵이 아니에요. 그 안에 담긴 시간, 손맛, 그리고 이야기죠."

벽엔 창업 초기의 어묵틀, 천장엔 삼진어묵의 연대기, 바닥엔 동선 따라 흘러가는 브랜드 스토리. 이곳은 '보고, 먹고, 기억하는' 공간이었습니다.

어묵도 바뀌었습니다. 튀김 어묵, 국물 어묵, 간식용, 선물용…세트 구성이 생겼고, 디자인된 패키지와 정성스러운 설명서도 함께 따라왔습니다.

가격은 저렴하지 않았지만 사람들은 이제 이렇게 말했습니다.

"이거, 부모님 선물로 괜찮을까?"

"서울 갈 때 가져가면 좋겠지?"

공간이 곧 브랜드
매장을 판매장이 아닌, 이야기를 전하는 무대로 설계

매장은 단순한 판매 공간이 아니었습니다. 브랜드 경험의 플랫폼이었죠. 고객이 머무는 시간, 시선이 멈추는 곳, 걸음을 멈추게 하는 향기까지—모두 전략이었습니다.

특히 '베이커리형 매장'은 결정적이었습니다. 진열대에 놓인 어묵 쇼케이스, 즉석 조리되는 핫바와 어묵빵, 그리고 매장 가득 퍼진 고소한 냄새.

품격 있는 어묵
가격 경쟁 대신, 선물할 만한 가치의 완성

사람들은 말했습니다.

"여긴 어묵집이라기보다 어묵 갤러리 같아요."

"이렇게 따뜻하고 세련된 공간에서 어묵을 사게 될 줄은 몰랐죠."

삼진어묵은 이렇게 말하고 있었습니다.

"우리는 어묵을 파는 게 아닙니다. 어묵을 매개로 브랜드의 시간을 디자인하고 있어요."

3. 기억을 유통하다 '유통채널의 전략적 전환'

"우리가 어묵을 팔고는 있지만, 사람들은 이걸 기억할까?"

삼진어묵이 스스로 던진 질문이었습니다. 그 해답은 익숙한 마트가 아닌, 전혀 다른 무대에서 찾았습니다. 첫 유통채널로 선택한 곳은 백화점이었습니다. 단순히 가격을 높여 고급화하려는 의도가 아니었습니다. "우리가 어떤 이미지로 기억될 것인가?" 브랜드의 정체성을 새롭게 세우기 위한 전략적 선택이었죠.

2016년, 신세계 센텀시티에 문을 연 그 매장은 단순히 어묵을 판매하는 공간이 아니었습니다. 삼진어묵이 '공간형 브랜드 매장'이라는 개념으로 새롭게 그린 무대였습니다.

채널을 바꾸니, 이미지가 달라졌다

마트 대신 백화점.

파는 방식이 아니라, 기억되는 방식

직원들은 유니폼을 입고, 고객에게 어묵을 '소개'했습니다.

"시식은 맛보기가 아니라 경험 콘텐츠였죠."

"이 어묵, 부모님 선물로 괜찮을까요?"

이제 어묵은 '사는 물건'이 아니라, 고르고, 선물하고, 기억하는 대상이 되었습니다.

그 다음 선택은 공항이었습니다. 인천공항에 입점한 삼진어묵. 출국 전, 고국의 맛을 챙기려는 여행자들, 외국인에게 '한국의 맛'을 전하고 싶은 이들. 그 흐름에 정확히 맞춰 삼진어묵은 기념품이자 콘텐츠가 되었습니다. 바로 '관광상품화' 전략이었습니다. 포장엔 부산항의 풍경과 브랜드 스토리. 그저 싸게 파는 어묵이 아니라, '부산의 이야기를 담은 선물'로.

그리고 또 하나, 온라인을 선택했습니다. 전통식품 브랜드들은 디지털에 느렸지만, 삼진어묵은 달랐습니다. 자사몰과 오픈마켓을 함께 운영하며 '냉장 유통의 한계'를 기술로 넘어섰죠. 온라인에서 고객은 상품을 고르고, 조리법을 읽고, 브랜드 영상을 보며 '집에서 삼진어묵을 경험'했습니다.

"클릭만 했는데, 부산 골목에서 막 튀겨낸 어묵 같은 기분이었어요."

> **공간이 이야기를 만들었다**
> 백화점, 공항, 팝업스토어.
> 장소마다 다른 장면이 브랜드를 각인

한편, 젊은 세대를 위한 팝업스토어도 시도했습니다. 명동, 잠실… 감성 소비층이 몰리는 그곳들에서. 핫바, 어묵버거, 어묵스틱— 제품은 같았지만, 보여주는 방식은 달랐습니다. 결과는 명확했습니다. 삼진어묵은 '채널'이 아니라 '장면'으로 기억되는 브랜드가 된 겁니다.

"백화점에선 고급 간식, 공항에선 기념 선물, 온라인에선 손쉬운 식사, 팝업스토어에선 트렌디한 스낵."

이건 단순한 유통 다각화가 아닙니다. 공간과 경험을 통한 정체성의 재구성이었습니다.

> **경험이 유통되었다**
> 온라인과 오프라인을 잇고,
> 채널이 아니라 '순간'의 기억을 판매

삼진어묵은 팔지 않았습니다. 그들은 기억을 유통했습니다.

4. 글로벌에 스며들다 – 해외 진출과 로컬 기반의 확장 전략

삼진어묵은 늘 공간으로 말해왔습니다.

"우리는 어묵을 파는 게 아니라, 어묵을 매개로 브랜드 경험을 디자인합니다."

이 말은 단지 매장의 외형이나 디자인을 바꿨다는 뜻이 아니었습니다.

> **고객 경험 중심 재배치**
> 제품·공간·사람을 새롭게 설계해, 매출과 조직 모두 비약적으로 성장

베이커리형 매장을 도입한 이후, 삼진어묵은 직원 30명 내외의 조직에서 400명 이상이 함께 일하는 중견 식품기업으로 성장했고, 매출은 80억 원대에서 2023년 850억 원을 넘기고, 1000억 브랜드로 자리 잡았습니다.

"이건 단순히 덩치를 키운 게 아닙니다. 제품, 공간, 사람을 재배치해 '고객 경험' 중심으로 확장한 전략적 결과였죠."

그리고 이제, 그 경험을 들고 국경을 넘는 일에 나섰습니다.

> **정체성 우선 전략**
>
> **현지화 대신 부산의 맛과 이야기를 그대로 전해 차별화된 경험 창출**

2017년, 삼진어묵은 싱가포르에 첫발을 내디뎠습니다. 다른 브랜드들이 '수출'부터 이야기할 때, 삼진은 달랐습니다.

"우리는 어묵이 아니라 부산을 전합니다."

정체성에서 출발한 이 한마디가 삼진의 전략을 가장 잘 설명합니다. 아시아 미식의 중심에서 부산의 맛을 알리기 위해, 삼진은 현지화 대신 본래의 색을 고집했습니다. 현지화보다 정체성의 밀도를 택했습니다. 포장엔 한글이 남았고, 매장엔 장인의 철학이 담겼습니다. 직원은 어묵을 설명했고, 고객은 그 이야기를 맛봤습니다.

"기름지지 않네요."

"식감이 살아 있어요."

"부산의 맛인가요?"

> **맛은 고집, 접근성 강화**
>
> **본래의 맛과 철학은 지키되,**
>
> **간 조절·조리 방식 개선으로 현지 고객 접근성 확보**

이 반응이 삼진의 선택을 확인시켜줬습니다. 현지 기준에 맞춘 게 아니라, 기준 자체를 흔든 셈이죠. 물론, 쉬운 길은 아니었습니다. 물류 병목, 높은 배송비, 낯선 조리법. 하지만 삼진은 맛을 바꾸지 않았고, 대신 고객의 선택지를 세심히 늘렸습니다. '간을 약하게', '굽는 방식', '조리 없이 바로 먹을 수 있도록'.

그럼에도 중심은 하나.

"우리가 파는 건 어묵이 아니라, 경험입니다."

이 철학은 매장의 수보다 '온기'를, 매출보다 '기억의 깊이'를 고민하게 했습니다. 팬데믹 이후, 14개에 이르던 해외 매장은 3개로 줄었습니다. 누군가는 말하겠죠. "이건 실패 아니냐"고.

하지만 삼진은 달랐습니다. 그건 후퇴가 아닌 정련, '스며드는 방식'을 고른 결과였습니다. 지금도 삼진은 호주, 인도네시아에서 조용히 자리 잡고 있습니다.

> **양보다 깊이**
>
> **매장 수 확장보다 고객 기억의 깊이를 선택해 지속 가능한 글로벌 운영**

그리고 여전히 '부산'을 이야기합니다.

"우리는 부산의 맛으로 시작했지만, 기억은 어디서든 만들어질 수 있어요."

그것이 그들이 말하는 글로벌입니다. 기억에 스며드는 브랜드. 삼진은 지금도, 그 길을 걷고 있습니다.

5. 브랜드를 지속시키는 힘 '조직과 사람의 재정의'

어묵을 바꾸는 건 사실 어렵지 않았습니다.

"포장을 바꾸고, 가격을 조정하고, 매장 구조를 바꾸는 일— 그건 시간과 돈으로 해결할 수 있는 일이었죠."

하지만 삼진어묵이 정말 바꾸고자 한 건, '사람'이었습니다.

철학이 방식을 만든다

제품이 아니라 사람을 바꿔, 브랜드의 지속력 채택

아무리 좋은 제품도 그걸 만드는 손과 마음이 바뀌지 않으면 지속될 수 없다는 걸 그들은 알고 있었습니다.

박용준 대표는 말합니다.

"가업을 잇는 건 방식이 아니라, 철학입니다."

제품보다 먼저 현장 직원들을 다시 보기 시작했습니다. 수십 년 쌓인 손맛, 몸에 밴 감각. 그 무형의 자산을 표준화하고 전수하는 데 집중했습니다.

그래서 정리했습니다. 생산 매뉴얼, 신입-숙련자 멘토링 제도, 사내 브랜드 교육. 단순한 작업이 아니라 '브랜드 창조'의 일원으로 직원들의 역할을 다시 정의했습니다.

물론, 모든 변화가 매끄럽진 않았습니다. 2010년대 중반, 급격한 확장 속에서 조직 내 갈등이 터졌습니다. 심지어 위생 문제 영상이 유출되며 브랜드 신뢰에 큰 타격도 입었습니다. 그때, 박 대표는 회피하지 않았습니다. 공식 사과, 문제 관리자 교체, 위생 전문기관과의 협약, 인사제도 투명화. 그리고 전 직원 대상 조직문화 워크숍을 열었습니다.

> **위기를 드러내야 신뢰가 돌아온다**
>
> 숨기지 않고 고치니, 고객이 귀환

그 변화는 매장의 응대 품질 향상, 낮아진 이직률, 회복된 브랜드 신뢰로 서서히 드러났습니다. 삼진어묵은 '제품'이 아니라 '사람과 조직'을 바꾸는 방식으로 브랜드의 지속성을 설계했습니다.

"어묵 하나 잘 만든다고 브랜드가 되는 게 아닙니다. 그걸 지켜내는 사람들의 태도, 그게 브랜드의 깊이를 만듭니다."

> **태도가 깊이를 만든다**
>
> 만드는 손과 지키는 마음이 브랜드의 무게를 완성

그들은 위기를 숨기지 않았습니다. 오히려 드러내고 고쳤습니다.
그 경험이 삼진어묵을 더 강한 브랜드로 만들었습니다.

6. 로컬에서 세계로 '브랜드는 정체성을 잊지 않습니다'

삼진어묵의 길은 단순한 식품 브랜드의 성공기가 아니었습니다. 잊힌 전통을 다시 살리고, 지역의 정체성을 담은 브랜드가 세계를 향해 품격 있게 나아가는 과정이었습니다. 화려한 홍보 없이, 유행보다 원칙을 지키며 빠른 확장보다는 내실을 택한 브랜드. 삼진어묵이 보여준 건 이 시대에 드문 브랜드의 태도였습니다.

> **정체성 중심 성장**
>
> '왜 만드는가'라는 질문을 우선하며, 상품을 문화적 경험으로 전환

"무엇을 팔까"보다 "왜 이걸 만들까"를 먼저 묻는 태도. "어떻게 팔까"보다 "어떻게 기억될까"를 고민한 자세. 그 질문들이 어묵을 단순한 상품이 아닌 '문화적 경험'으로 바꾸어 놓았습니다.

누군가는 말합니다.

"로컬 브랜드가 세계로 갈 수 있을까?"

> **로컬의 깊이 → 글로벌 반응**
>
> 현지화보다 고유 언어를 지키며, 세계 시장에서 차별화된 존재감 확보

삼진은 조용히 대답합니다.

"로컬이 충분히 깊다면, 세계는 어느 순간 반응합니다."

조건은 단 하나. 자신만의 언어를 잊지 않는 것. 삼진은 그 언어를 포기하지 않았습니다. 현지화에 휘둘리지 않고, 전통을 지나치게 포장하지도 않았습니다. 과거를 재료 삼아 현재를 정직하게 끓였고, 그 맛은 서서히 미래로 이어졌습니다.

과거를 담다
전통의 현재화로, 지속 가능한 미래로 연결

그래서 삼진은, 지금도 부산에 있고, 동시에 세계 어딘가에도 있습니다. 브랜드란, 지켜야 할 것을 늘려가는 일입니다.

"한때는 서민의 국거리였던 어묵이, 이제는 프리미엄 간식·한류 상품으로 재탄생했습니다. 삼진어묵은 그 흐름을 가장 상징적으로 보여주는 브랜드죠. 역사를 지키면서도 새로운 트렌드를 만든 어묵. 거리에서 세계 식탁으로 이어진 여정이, 어묵의 다음100년을 준비하고 있습니다."

삼진어묵의 시프트 정의

삼진어묵은 '전통을 지키는 동네 어묵집'에서 '스토리와 브랜드를 담은 지역 기반 기업'으로 시프트한 사례입니다.

핵심 시프트 순간

- **전통 제조 → 브랜드 스토리**

과거엔 단순히 '부산 어묵 공장'에 불과했음.

→ 역사와 가족 서사를 브랜드 자산으로 재해석

→ 결과: 로컬 기업이 전국적 브랜드로 인식 확장

- **시장 침체 → 체험형 매장**

값싼 수입 어묵 확산으로 시장 침체

→ '어묵 카페·체험형 매장'으로 공간 비즈니스 시프트

→ 결과: 어묵을 '먹는 제품'에서 '방문 경험'으로 업그레이드

- **국내 로컬 → 글로벌**

어묵은 해외에서 비주류였음.

→ 'K-푸드 간식'으로 포지셔닝하고, 일본·동남아 수출 확대

→ 결과: 단순 수출을 넘어 문화적 아이콘으로 자리매김.

요약: 삼진어묵의 시프트는 전통 제조업 → 체험형 공간 → 글로벌 로컬라이징 브랜드로 정리됩니다.

어묵의 역사와 트렌드

1. 기원과 도입
- **일본:** 어묵(가마보코, かまぼこ)은 14세기경부터 등장. 생선을 갈아 찐 뒤 나무판 위에 굳힌 것이 원형
- **한국:** 일제강점기에 부산·인천 항구 도시를 통해 전래. 1920~30년대 일본인 어묵공장이 세워지며 보급 시작
- **광복 이후:** 저렴한 단백질 공급원으로 자리 잡으며 부산 남포동·자갈치 시장을 중심으로 확산

2. 1960~80년대 - 서민 간식 & 가정 반찬
- 분식집의 떡볶이·순대 국물 속 단골 메뉴
- 동네 수퍼·시장 진열대에서 저가 포장 어묵이 대중화
- 브랜드보다는 '시장표 어묵' 이미지가 강했던 시기

3. 1990~2000년대 - 대기업 가공식품화
- CJ, 오뚜기, 사조 등 대기업 가공식품 브랜드가 HMR용 어묵 제품 대

량 생산

- '어묵=저가, 집에서 끓이는 국거리' 이미지가 고착
- 편의성은 커졌지만 '프리미엄·브랜드 이미지'는 약함

4. 2010년대 - 로컬 브랜드의 혁신

- **삼진어묵**(1930년 부산 시작 → 2010년대 리뉴얼 성공)

  → '전통+프리미엄+체험형 매장'으로 전국적 부활

  → 카페형 매장, 선물세트, 관광 상품화 성공
- **고래사어묵:** 부산 기반, 체험형 매장과 다양한 레시피 개발
- **청년어묵, 마리오네트** 등 스타트업형 브랜드 등장

5. 최근 트렌드 (2020년대~)

- **프리미엄화:** 저온 숙성, 무첨가, 건강 지향.
- **글로벌화:** 삼진어묵, 고래사어묵이 일본·홍콩·동남아 진출. 한류 식문화와 연계
- **HMR·간편식화:** '어묵탕 밀키트', '어묵바' 등 편의점·온라인 중심 판매 확대
- **융합 메뉴:** 어묵버거, 어묵라면, 어묵 스낵 등 MZ세대 겨냥 제품 증가

[참고자료]

1. 펜앤마이크 (2024), "삼진어묵, 잠실점 리뉴얼 매장에 '스마트 쇼케이스' 설치" → 온도 유지 설비를 도입해 '경험 중심 소비'를 강조한 공간 재정비 사례
2. 아주경제 (2024), "'삼진어묵=경험'…롯데백화점 잠실점 리뉴얼 오픈" → 소비자가 '머무르는 공간'을 지향하는 브랜드 경험 공간화 전략
3. 일요신문 (2025), "삼진어묵, 롯데백화점 잠실점 리뉴얼…'스마트 쇼케이스' 도입" → '리퀴드 소비' 트렌드에 대응한 매장 진화와 고객 경험 강화 전략
4. 에너지경제신문 (2023), "삼진어묵, 롯데백화점 인천점 매장 리뉴얼 오픈" → 고객 편의성 중심의 공간 리뉴얼, 바테이블 및 취식 동선 재구성
5. 부산일보 (2025), "삼진어묵, 'CES 2025'서 어묵의 가능성 세계에 알렸다" - 미국 라스베이거스 CES 2025에서 '블루미트 파우더'를 주제로 부스를 운영하며 어묵의 기능성과 미래 가치를 선보였다.
6. 코메디닷컴 (2025), "'세계인이 맛본다'…삼진어묵, 미국 CES 참가" - 2017년 싱가포르 진출 이후, CES 전시를 통해 블루미트 식문화 가능성을 해외 소비자 체험 중심으로 소개했다.
7. 경향신문 (2025), "삼진어묵, 세계 최대 가전 전시회 간다" - 부산외대와 협업해 '블루미트 파우더' 체험 부스를 운영하며 글로벌 진출을 위한 교두보로 삼았음을 보도.

8. 조선일보 (2025), "라스베이거스 첨단 CES에 '부산 어묵'이 왜 나와" - 박용준 대표 인터뷰: "부산 어묵의 푸드 테크놀로지를 전 세계에 알리기 위해 참가했다"고 강조.

9. 삼진어묵 인스타그램 (@samjinamook, 2025), 브랜드 소개 및 이벤트 게시 → "1953년부터 3대째 이어온 대한민국 대표 어묵 브랜드" 등 브랜드 연속성을 홍보

10. 인스타그램 @삼진어묵 (2025.06) - 타이베이 Nangang International Exhibition Center(전시회)에 '삼진 X-5' 부스로 참가한 게시물로, 해외 간식 마켓 접근 사례 확인 가능.

11. Magazine B 인스타그램 (2023), "틀을 깨는 어묵 브랜드: Samjin Amook" → '로컬 크리에이터'로서 자부심과 지역 정체성을 강조하는 브랜드 위치 설명

12. 브런치스토리 (2022), "[스팟클립] 국내에서 가장 오래된 어묵 브랜드 삼진어묵" → 매장 내부 전시 공간, 스테이션 구성, 체험형 브랜드 스토리텔링 강조

13. 부산일보 (2017), 삼진어묵, 싱가포르 오차드로드에 해외 1호 매장

14. 조세일보 (2018), 삼진어묵, 싱가포르·필리핀 시장 진출…"동남아 공략 확대"

15. 한경닷컴 (2019), 100만불 수출의 탑 수상(2019년 12월 기사)

16. 매일경제 (2020), 부산하면 어묵, 어묵하면 삼진어묵…"싱가포르 등 해외매장만 14개 운영"

17. Li et al., Brand Revitalization of Heritage Enterprises for Cultural

Sustainability... (2019) → 전통 브랜드의 쇠퇴를 '문화적 지속가능성' 관점에서 복원하는 세 단계(heritage 재정의, 소비자 커뮤니케이션, 시장 경계 재구축) 강조

18. Li, J. J., Localization Strategies for Cultural and Creative Industries... (2024) → 문화·창조 산업에서 '글로컬라이제이션(glocalization)' 대응 전략으로 로컬 정체성과 글로벌 시장의 균형 강조

19. Wikipedia, Glocalization (발행일 2025) → 글로벌 스탠더드와 지역 고유성의 동시 추구 사례 분석

20. Sage Journals, Organizational Learning for Environmental Sustainability (2021) → 조직 학습(organizational learning)이 지속 가능 전략 구현의 기반임 강조

21. ERIC, Sustainable Organisational Learning in… (발행일 2021) → 지속가능성을 위한 조직 학습의 특성·참여적 정책 수립·개방성 강조

22. Blake & Gano-an, Advancing Sustainability Innovation within the Organizational Learning Sphere (2020) → HRM과 인재개발을 통해 지속가능성 혁신을 조직 내 학습으로 내재화하는 방법론 제시

SHIFT MINDSET

사고와 행동의 변화를 선택한 사람들

제가 이 책을 쓰는 이유는 명확합니다. 변화와 발전이 없는 고정된 마인드셋을 벗어 던지고, 새로운 아이디어와 생각 그리고 행동을 '시프트(전환)'할 수 있는 **성장의 관점**을 나누기 위함입니다.

이 책은 단순한 기록이 아닙니다. 아이디어 발굴에서 사업화, 지속성장, 그리고 사회적 가치 실현에 이르기까지의 흐름을 담은 저만의 **사업화 툴을 정리한 결과물**이며, 동시에 변화의 과정을 직접 겪어온 **작가의 여정이자 살아 있는 기록**입니다.

특히 유통 사업과 외식 프랜차이즈, 식품 제조 공장에서는 위생과 안전의 문제가 종종 **구조적 결함**으로 이어집니다.

그러나 좋은 기업들은 이를 감추거나 외면하지 않았습니다.

대신 매뉴얼을 정비하고 환경을 개선하며 브랜드 성장을 위한 **업그레이드의 기회**로 바꾸어냈습니다.

결함을 바로잡는 순간, 위기와 위험은 새로운 성장의 출발점으로 바

뀌었습니다.

개인의 삶도 다르지 않습니다. 누구나 마음속에 크고 작은 결핍을 안고 살아갑니다. 누군가는 타고난 환경이나 조건의 제약 속에서, 또 누군가는 두려움·습관·자신에 대한 불신 속에서 스스로의 가능성을 묶어둡니다.

환경이 내 발목을 잡고, 성향이 내 속도를 늦출 때, 누구라도 주저앉고 싶어질 때가 있습니다. 그럴 때 세상은 쉽게 바뀌지 않을 것처럼 느껴집니다. 단단한 구조적 틀 앞에서 막막함을 느끼는 순간, 사람은 본능적으로 자신을 탓하거나 환경을 원망하죠.

하지만 **진정한 전환은 결함을 감추지 않고 드러낼 때, 결핍을 외면하지 않고 마주할 때** 시작됩니다. 중요한 건 그 벽을 넘는 방법이 '없다'가 아니라, **환경과 성향을 구분해 다시 설계할 수 있다는 가능성**을 깨닫는 일입니다. 환경은 조정할 수 있고, 성향은 훈련할 수 있습니다. 이 두 축을 분리해 바라보는 순간, 변화는 추상이 아닌 **실천의 형태**로 다가옵니다.

결국 **시프트란 외부를 바꾸는 기술이 아니라, 내 안의 시스템을 다시 설계하는 선택**입니다. 결함은 고쳐야 할 구조이고, 결핍은 채워야 할 마음입니다. 둘 다 변화의 출발점이며, 그 전환의 시작이 바로 **마인드셋의 변화**입니다.

기업이 **위생과 안전의 결함을 개선해 성장의 계기를 마련**하듯, 개인

또한 자신의 결핍을 인식하고 마주하는 순간 **새로운 아이디어와 실행의 에너지**를 발견할 수 있습니다.

그리고 우리는 다시 묻습니다. "**마인드셋이 먼저일까, 행동이 먼저일까?**" 정답은 하나가 아닙니다. **마인드셋은 행동의 방향을 정하고, 행동은 그 마인드셋을 단단히 다져주는 힘이 됩니다.** 둘은 순서가 아니라 **상호작용의 관계**, 함께 돌아갈 때 완성되는 **두 개의 톱니바퀴**입니다.

마인드셋이 방향을 잡고, 행동이 길을 열며, 그 길 위의 행동이 더 큰 마인드셋을 만들어냅니다. 결국 마음과 행동은 서로를 밀어주는 두 축이며, 그 회전 속에서 진짜 변화와 성장이 탄생합니다.

이것이 바로 『**시프트 마인드셋**』이 말하는 핵심입니다. **생각이 바뀌면 행동이 바뀌고, 행동이 바뀌면 인생이 달라집니다.** 변화는 어느 날 갑자기 오는 행운이 아니라, **매일의 선택과 태도 속에서 길러지는 기술**입니다.

아무리 잘 구축된 시스템이라도, 그 시스템을 움직이는 것은 결국 사람의 **태도와 실행**입니다. 운영의 묘미, 루틴의 최적화, 그리고 그 안에서의 작은 실천이 결국 큰 변화를 이끌어냅니다.

그래서 『**시프트 마인드셋**』은 단순한 자기계발서가 아닙니다. 이 책은 **변화를 기다리는 사람에게 '실행 가능한 행동전략'을 제시하는 실전 지침서, 동시에 멈춰 있던 마음을 다시 움직이게 하는 내면의 설계서입니**

다.

저는 이 책을 통해, 은퇴를 고민하거나 퇴직 이후 새로운 길을 모색하는 분들, 지금의 자리에서 다시 한 번 도약을 준비하는 모든 이들에게 단순한 위로가 아닌, **행동을 이끌어내는 촉매제**를 전하고자 합니다.

Shift Mindset.

그건 생각을 바꾸는 일이 아니라, **삶의 속도를 다시 설계하는 기술입**니다.

마음이 변하면 행동이 달라지고, 행동이 달라지면 인생이 달라집니다. 이 책은 그 변화를 시작하게 하는 한 권의 지도이자, **당신을 '성공으로 이끄는 행동전략서'로** 남기기 위해 쓰였습니다.

3장

폐점율
0%의 비밀

구조를 만들다

- **가성비·가심비 동시 충족**
  - 메뉴를 넘은 MD 혁신
  - 용량·품질 대비 만족감
  - 상생형 로열티·계약 구조

- **표준화된 운영 시스템**
  - 메뉴·레시피 일원화
  - 교육·매뉴얼 체계화
  - 품질 편차 최소화

- **점주 중심 경영 지원**
  - 수익 구조 최적화
  - 상권·입지 분석 기반 출점
  - 운영 리스크 사전 차단

- **안정적 성장 전략**
  - 무리한 확장 지양
  - 매출 유지·성장형 점포 비중 확대
  - 폐점율 제로 전략

SHIFT MINDSET

가맹 경영주의 가성비, 가심비

아침 출근길, 손에 들린 컵 하나. 그 안엔 커피가 있습니다. 진한 아메리카노로 정신을 깨우고, 달콤한 라떼로 하루를 다독이죠. 커피는 이제 단순한 음료가 아니라 생활이고, 문화이며, 경쟁이 치열한 사업입니다.

> **(AS-IS) 생활화된 경쟁 시장 → (TO-BE)**
>
> **개인화·경험화·지속성으로 재편**
>
> **커피, 치열한 경쟁 구도**

카페 간판은 넘쳐나고, 스타벅스와 이디야는 중심을 지키고, 메가커피·컴포즈·빽다방은 가성비를 앞세워 빠르게 확장합니다. 그 사이, 낯선 이름 하나가 등장합니다.

"백억커피."

매출이 백억일까요? 아닙니다.

"경영주가 백억을 벌 수 있게 하겠다."

이게 그들의 철학입니다. 백억커피는 ㈜오가다의 커피 브랜드입니다. 전통차 브랜드로 시작해, 2010년 과감히 커피 시장에 뛰어들었죠.

"경영주에게 이익이 남지 않으면 그건 프랜차이즈가 아니다."

최승윤 대표의 생각입니다.

(AS-IS) 낮은 경영주 수익 → (TO-BE) 안정적 이익 구조
경영주의 수익성을 우선 설계해 폐점률 0%에 도전

처음엔 조용했지만, '2024년 폐점률 0%'라는 놀라운 기록을 만들었습니다. 그 뒤엔 전략이 있었죠. 경영주 수익 중심의 구조, 소비자 부담 없는 가격, 그리고 '시네마 메뉴'라는 차별화된 콘셉트.

(AS-IS) 가격 중심 경쟁 → (TO-BE) 가성비+가심비 결합
합리적 가격에 감성 경험을 더해 차별화

커피만 파는 곳이 아니라, 팝콘과 나초, 인증샷과 데이트가 있는 작은 놀이 공간이 된 겁니다.

코틀러는 말했습니다.

"최고의 광고는 만족한 고객이 해준다."

The best advertising is done by satisfied customers. 필립 코틀러(Philip Kotler). 미국 경영학자·현대 마케팅의 1인자라 불린다.

백억커피의 철학이 바로 그렇습니다. 가격에서 가성비를, 경험에서 가심비를 느낀 고객이 자발적으로 입소문을 내고, 그 목소리가 또 다른 고객을 불러옵니다.

(AS-IS) 소극적 마케팅 → (TO-BE) 고객 자발적 입소문

만족한 고객이 오피니언 리더 & 브랜드 성장 동력

소비자를 위한 브랜드일까요, 경영주의 수익을 위한 구조일까요? 백억커피는 그 사이에서, '가성비 있는 운영'과 '가심비를 자극하는 경험'을 함께 설계하며 자신만의 해답을 만들어가는 브랜드입니다.

폐점률 0%의 비밀 – 숫자가 말해주는 생존 전략

가성비를 넘어선 가심비 – 고객 마음을 붙잡는 힘
* 가맹본부의 고객은 소비자와 가맹 경영주
* 가맹 경영주의 고객은 소비자와 본부
* 소비자의 고객은 경영주

경영주 중심 구조 – 브랜드를 키우는 숨은 엔진

1. 거인들 사이, 또 다른 등장

한국의 커피 시장, 가만 보면 도시 풍경 같지 않나요? 높게 솟은 스타벅스 같은 빌딩들, 그 사이사이 골목마다 박혀 있는 작은 간판들.
커피를 고르는 소비자들은 늘 저울질합니다. 가격, 맛, 분위기, 그리

고... 뭐가 더 있지?

그럼 '백억커피'는 어디쯤일까요?

> **AS-IS:** 경쟁 속의 한 선택지
> **TO-BE:** 기억과 경험으로 남는 브랜드

먼저, 주요 플레이어 몇을 짚어볼게요. 스타벅스는 커피를 파는 게 아니라, 경험을 팝니다. 고급 매장, 나만의 커스터마이징, 그리고 굿즈까지 챙겨주는 "나를 위한 공간"이죠.

투썸플레이스는 조용하고 단정한, 디저트 중심의 카페. 혼자 있고 싶을 때, 깔끔하게 머물기 좋은 곳입니다.

> **AS-IS:** 커피 시장, 가격·맛·분위기로만 경쟁
> **TO-BE:** '가성비+경험+수익성'의 새 균형 제시

이디야는 반대죠. 가격은 저렴하고, 이면도로에서도 잘 보이고, 테이크아웃 중심으로 운영 효율이 강점입니다.

그리고 요즘 존재감이 큰 메가커피, 컴포즈, 빽다방은 MZ세대에게 익숙한 브랜드입니다. "양 많고 싸다." 그거 하나로 커피시장을 파고들

었죠.

그런데요— 어느 날 낯선 이름 하나가 조용히 고개를 들었습니다.

"백억커피."

"이름에서 뭔가 허세가 느껴지는데?"

싶은데, 그 이름엔 명확한 뜻이 있습니다.

경영주가 백억을 벌 수 있도록 돕겠다.

> **AS-IS:** 프리미엄 vs 초저가, 양극단 브랜드 각축
>
> **TO-BE:** 그 사이 틈새를 공략한 차별화 모델 구축

㈜오가다에서 출발한 이 브랜드는 전통차 시장을 경험한 뒤, 2010년부터 커피에 도전합니다. 최승윤 대표는 수많은 프랜차이즈 운영 경험 속에서 이 브랜드를 설계했죠.

"근데, 커피만으로는 뭔가 부족했어요. 그래서 꺼낸 카드가 바로— '시네마 메뉴'입니다."

커피와 팝콘, 버터구이 오징어, 나초, 핫도그, 분식. "이거 영화관 아니야?" 싶지만, 이걸 '카페'에서 한다는 게 포인트였죠.

고객에겐 재미와 경험을, 경영주에겐 부가 수익을 안겨줍니다.

결과는 어땠을까요? 2023년 88개였던 매장이 2년 만에 200개 돌파.

AS-IS: 단순 커피+음료+쿠키류 등 판매 구조

TO-BE: 시네마 메뉴로 고객 체류·경영주 수익 동시 확대

"그리고 무엇보다 놀라운 지표. 폐점률 0%입니다."

왜 이런 결과가 나왔을까요? 백억커피는 스타벅스처럼 프리미엄도 아니고, 메가커피처럼 초저가도 아닙니다. 그 둘 사이. '가성비 + 재미 + 경영주의 수익성' 그 균형을 설계한 겁니다.

다음 장에선 '백억'이라는 이 이름이 왜 단순한 숫자가 아닌지, 그 안에 담긴 약속을 함께 들여다보죠.

"커피 한 잔에도, 누군가의 하루가 담겨 있으니까요."

2. 이름에 담긴 전략적 약속

브랜드 이름, 그냥 작명이라고 생각하면 오산이죠. 이름은 세상에 건네는 첫 문장이자, 고객과 경영주 모두에게 보내는 신호입니다.

> **AS-IS: 고객 우선 일변도 → TO-BE: 경영주 중심 설계**
>
> 대부분의 프랜차이즈는 '고객 만족'을 최우선 가치로 둠
>
> → 백억커피는 '경영주 생존과 수익성'을 먼저 확보해 폐점률 0%에 도전

"백억커피."

좀 세게 들리죠? 처음엔 허세처럼 느껴지기도 합니다.

'매출 백억? 커피 한 잔에 백억 원의 가치?'

하지만 그 이름엔 딱 하나의 메시지가 담겨 있어요.

"경영주가 백억을 벌 수 있도록 돕겠다."

고객만을 위한 브랜드가 아니라, 무엇보다 경영주를 위한 브랜드. 대부분의 프랜차이즈가 "고객 중심"을 외칠 때, 백억커피는 이렇게 말합니다.

"경영주가 남아야, 브랜드도 산다."

이 철학은 브랜드 전반에 자연스럽게 스며 있죠.

"시네마 메뉴는 커피 너머의 수익구조다"

팝콘, 나초, 핫도그. 커피와 어울릴까 싶은 이 조합이 놀랍게도 성과를 만듭니다.

> **AS-IS: 단일 커피 수익구조 → TO-BE: 시네마 메뉴·복합 매출원**
> 음료 매출 의존 → 팝콘·나초·핫도그 등 부가상품으로 마진 강화,
> 체류 경험과 가심비 동시 충족

"낯설기에 주목을 끌고, 원가는 낮고, 마진은 높고 먹는 재미, 인증샷, 대화 거리까지."

이 메뉴 하나로 백억커피는 '가심비 카페'라는 별명을 얻습니다.

"음료 전략은 싸지만 특별하게"

저가라고 맛이 평범하면 금방 잊히죠. 그래서 백억커피는 스페셜티급 블렌드를 바탕으로 '백억 리치 라떼', '딸기 민트 모히또' 같은 독창적인 시즌 음료를 개발합니다.

> **AS-IS: 저가 경쟁·차별화 부족**
> **→ TO-BE: 합리적 가격 + 독창적 시즌 음료**
> 저가 커피 시장의 맛·브랜드 차별성 한계 → 스페셜티급 블렌드와
> 감성 음료로 '싸지만 특별한' 브랜드 포지셔닝 완성

"커피가 안 맞는 고객도 있잖아요? 그래서 티, 과일주스, 디카페인까지 음료 라인업도 넓혀뒀습니다."

"작지만 감성은 버리지 않는다"

작은 매장이어도 분위기는 챙깁니다. 미니멀한 인테리어, 부드러운 조명, 따뜻한 색감의 감성 공간. 동시에 키오스크와 선주문 시스템으로 회전율도 고려. 빠르게 만들고, 천천히 머물게 하는 설계.

이게 바로 '백억의 디테일'입니다.

> **AS-IS: 소규모 매장·운영 인력 한계**
> **→ TO-BE: 디지털·효율 기반 설계**
> 작은 매장에서 회전율·서비스 품질 유지 어려움
> → 키오스크·선주문 시스템으로 인건비 절감과 고객 편의 동시 확보

"사람이 브랜드의 얼굴이다"

직원은 단순한 알바가 아닙니다. 브랜드의 대사(ambassador). 메뉴 설명뿐 아니라, 고객과 눈 맞추고 말을 건넬 수 있도록 매장 교육도 꼼꼼히 합니다.

"배달에서 일상으로"

초기엔 배달 중심이었지만, 이제는 홀·포장·테이크아웃까지 전방위로 확장 중입니다.

> **AS-IS: 배달 중심 매출 → TO-BE: 전방위 판매 채널**
>
> 배달 의존으로 고객 접점 한정
>
> → 홀·포장·테이크아웃까지 다변화해 일상 속 카페로 정착

'커피가 일상이 되게 한다' 이게 목표죠.

"그래서, 왜 하필 백억이냐고요?"

그건 단지 숫자가 아니에요. '지속 가능한 구조'에 대한 약속입니다.

"고객에겐 재미와 품질, 경영주에겐 수익과 생존, 본사에겐 신뢰와 확장성"

이 모든 걸 이름 하나로 선언한 브랜드가 바로 백억커피입니다.

"커피는 따뜻해야 하지만, 사업은 냉정해야 오래 갑니다."

이름 하나에 담긴 온도 차이— 그게 이 브랜드의 전략이자 태도입니다.

3. 수익률의 역설

"경영주가 웃어야, 브랜드도 웃는다."

가맹사업을 오래 본 사람들은 늘 이렇게 말하곤 합니다.

"본사가 욕심내면, 경영주는 못 버텨."

"경영주가 살아야, 브랜드도 살아."

> **AS-IS: 본사 중심 수익구조 → TO-BE: 경영주 상생 분배**
>
> **과도한 로열티·광고 분담금 의존**
>
> **→ 로열티 폐지·단순 수익구조로 경영주 신뢰 확보**

그런데요, 말은 쉬워도 현실은 정반대입니다.

많은 프랜차이즈 본사는 로열티, 필수 납품, 광고 분담금까지, 경영주의 어깨 위에 이익 구조를 얹습니다. 문은 열었지만, 마음은 늘 닫힌 채 밤잠을 설칩니다. 이 불균형. 백억커피는 그 틈을 정면으로 파고들었죠. **"본사의 절제, 경영주의 신뢰"**

백억커피의 전략은 명확했습니다. "경영주와의 수익을 합리적으로 나누겠습니다." 그래서 로열티는 과감히 없앴고, 물류와 교육비 외에는 본사 수익구조를 단순화했습니다.

> **AS-IS: 단기 매출 중심 → TO-BE: 장기 신뢰 기반 성장**
>
> **본사 이익 극대화 → 폐점률 0% 목표 '지속 가능한 구조'**

처음엔 의아했을 겁니다.

"이렇게 해서 본사가 남기는 건 뭐지?"

하지만 그 절제는 '신뢰'라는 자산으로 돌아왔고, 결국 2024년 폐점률 0%라는 숫자를 만들어냅니다. 그건 운이 아니라, 구조가 만든 결과였죠.

"고객이 곧, 브랜드다" 이 수익구조는 마케팅 전략에도 자연스럽게 이어집니다. "저렴한 커피"라는 이미지를 넘어서기 위해 백억커피는 '경험 중심 콘텐츠'를 강화합니다.

"금두꺼비를 잡아라"

"백억커피 달력 공모전"

"고객 사연을 영상화하는 프로젝트"

> **AS-IS: 저렴한 커피 이미지 → TO-BE: 경험·참여 중심**
>
> 가격 경쟁 → 공모전·스토리 콘텐츠로 고객 애착 강화

고객을 '한 잔의 소비자'가 아닌 '하나의 이야기'로 대하는 이 감성적 접근은, 자연스럽게 브랜드에 대한 애정을 만듭니다.

광고비보다 더 강한 힘. '진짜 경험'이 말해주는 마케팅.

그리고, 정말 단순한 진실 하나

> **AS-IS: 광고 의존 → TO-BE: 체험·관계 중심 마케팅**
>
> 광고비 소모 중심 → 고객 경험·참여형 이벤트로 자발적 입소문 유도

수많은 브랜드가 복잡한 철학을 수십 문장으로 말하지만, 백억커피는 단 한 줄이면 충분합니다.

"경영주가 웃으면, 고객도 웃는다."

그 진심이 수익률의 역설을 깨고, 브랜드 지속성의 해답이 됩니다.

"커피 한 잔의 수익보다,

경영주 한 사람의 생존을 먼저 떠올리는 브랜드.

그렇게 오래 갑니다."

4. 시네마 메뉴의 실험

"커피와 팝콘이요? 그게 진짜 어울려요?"

"커피랑 나쵸? 그게 어울리긴 해요?"

'시네마 메뉴'라는 단어를 들은 사람들의 반응은 대개 비슷했습니다. 호기심과 당황함.

그런데 백억커피는 그 '당황'에서 가능성을 발견했습니다.

많은 브랜드가 '다름'을 말하지만, 막상 메뉴판을 보면 놀라울 만큼 비슷하죠.

> **AS-IS: 일반 카페 메뉴 → TO-BE: 경험형 '시네마 메뉴'**
>
> **커피·머핀 중심 단조로움**
>
> **→ 팝콘·나초·핫도그로 차별화, 체험·대화 소재 창출**

커피, 샌드위치, 머핀. 이름만 다르고 구성은 비슷비슷합니다.

"왜 꼭 커피엔 베이글이어야 하죠?"

"재미있는 소비가 트렌드라면, 메뉴도 진화해야 하지 않을까요?"

그 물음 끝에 나온 게 바로 시네마 메뉴입니다. 카라멜 팝콘, 버터 오징어, 나초, 핫도그.

"커피에 웬 간식거리?"

생각보다 이 조합, 꽤 통했습니다. 단순한 간식이 아니라, 경험의 장치가 된 겁니다.

"친구랑 심심할 때 여기 와요. 커피만 있는 게 아니라서요."

"데이트 코스로도 괜찮아요. 나초 나눠 먹으면서 시간 보내요."

"OTT 볼 때 배달하면 좋아요. 간식까지 같이 오니까요."

> **AS-IS: 유사 경쟁 → TO-BE: 즐거움 기반 부가 수익**
>
> **가격·품질 경쟁에 갇힘**
>
> → 반조리 공급·간편조리로 경영주 마진과 회전율 동시 확보

백억커피는 이 메뉴들을 하나의 구조로 발전시킵니다. 조리는 간단하게. 반조리 상태로 공급해 현장 부담은 줄이고, 혼잡한 시간대는 키오스크와 앱으로 주문 분산 결국 이 실험은 단순한 재미가 아닌 수익 모델이 됩니다.

"커피로 유입하고, 사이드로 수익을 만든다."

그리고 공간도 따라 바뀝니다. 테이크아웃형 매장? 그건 정말 말 그대로입니다. 출근길, 딱 3분 안에 커피 뽑아서 나가는 곳. 점심시간엔 5분이면 간단한 간식까지 해결되죠.

> **AS-IS: 단일 공간 → TO-BE: 속도형·체류형 매장 모델**
>
> **테이크아웃 중심 단조 운영**
>
> → 3분형 스피드 매장 + 15평 카페형 공간 병행

주문은 키오스크로 빠르게, 동선도 최소화해서 회전율은 높이고, 좌석은 거의 없어요. 그러니까 '들렀다 나가기 딱 좋은 공간'인 거죠.

"근데 가끔은, 좀 머물고 싶잖아요."

그럴 땐 카페형 매장이 딱이에요. 15평 정도 되는 공간에, 은은한 조명, 따뜻한 나무 톤, 테이블도 넉넉하게 준비돼 있어서 혼자 책을 읽거나, 친구랑 수다 떨거나, 시간을 '천천히' 보내고 싶을 때 좋죠.

커피는 들고 나가지만, 브랜드는 머릿속에 남도록 설계된 공간들입니다. 점포 확장도 신중합니다. 무작정 늘리기보다 상권 분석, 교육, 시뮬레이션을 거쳐 검증된 매장만 오픈합니다.

그리고, 재미있는 건 이거예요. 첫 매장 오픈한 경영주가 직접 본사에 연락합니다.

"저, 한 곳 더 열고 싶습니다."

"두 번째 매장도 부탁드립니다."

이게 백억커피가 말하는 다점포 전략이죠.

속도가 아니라, 신뢰의 밀도.

AS-IS: 무분별 확장 → TO-BE: 신뢰 기반 다점포 전략

양적 성장 우선 → 상권 분석·경영주 재창업 중심의 '밀도 높은 확장'

한 번 마신 커피가 기억에 남고, 한 번 들어선 매장이 또 가고 싶어지고, 한 번 창업한 경영주가 다시 찾아오게 되는 브랜드.

"커피는 잠을 깨우고, 팝콘은 마음을 깨운다."

작은 반전 하나가, 브랜드를 바꾸기도 하니까요.

5. 커피 한잔의 여운처럼

"누가 이 브랜드를 만든 걸까?"

"그리고, 누가 이 브랜드를 여기까지 키운 걸까?"

처음 '백억커피'라는 이름을 들었을 때 아마 많은 사람들이 이렇게 생각했을 겁니다.

"커피야 뭐, 다 거기서 거기지."

"이 가격에 뭐 얼마나 다르겠어."

"또 하나 생겼다가 또 사라지겠지."

하지만 백억커피는 크게 소리치지 않았습니다. 묵묵히, 고객과 경영주—사람의 경험에 집중했죠.

AS-IS: 가격 경쟁 → TO-BE: 경험으로 기억되는 브랜드

저가 경쟁 → 시네마 메뉴·매장 경험으로 차별화

화려한 광고 없이, 작지만 유쾌한 시네마 메뉴로 시선을 끌고, 반짝 할인이 아니라 경영주와 함께 만든 매장 경험으로 마음을 붙잡았습니다. 입소문은 그렇게 시작됐습니다.

"여긴 좀 달라요."

"커피도 맛있고, 팝콘도 재밌어요."

"가격은 괜찮은데… 이상하게 기억에 남네요."

고객이 마케터가 되고, 경영주가 설계자가 되는 브랜드. 백억커피는 사람과 함께 움직이는 브랜드였습니다.

> **AS-IS: 본사 주도 → TO-BE: 고객·경영주 동반 성장**
>
> **일방향 운영 → 피드백 반영, 자발적 확산**

SNS 릴스에 올라온 한잔의 커피, 단톡방을 타고 돌아다닌 이벤트 이미지, 매장을 찾은 누군가가 남긴 짧은 후기. 그 모든 조각들이 하나의 브랜드 이야기를 만들었습니다. 커피 한 잔. 하지만 그 안에는요—

> **AS-IS: 단발 이벤트 → TO-BE: 스토리 마케팅**
>
> **할인·광고 → SNS·후기로 이야기 축적**

수십 번의 실패와 시도, 수백 번의 기획서 수정, 수천 명 고객의 피드백, 그리고 한 사람 조용한 신념이 녹아 있었어요.

백억커피는 아직도 성장 중입니다. 하지만 그 여정은 이미 많은 예비 창업가들에게 하나의 이정표가 되었습니다.

혹시 지금, 당신 마음 어딘가에도 작은 아이디어 하나가 떠오르고 있지 않나요?

그렇다면 그건 단순한 상상이 아니라, 당신만의 가능성입니다. 그 가능성이 삶의 방향이 되고, 어느 날은 누군가에게 영감을 주는 브랜드가 될 수도 있겠죠.

마음속에 작은 꿈 하나 품고 있다면, 지금은, 그 꿈을 따뜻하게 데워 볼 시간입니다.

> **AS-IS: 아이디어 보관 → TO-BE: 실행하는 브랜드**
> 머릿속 상상 → 시도·실행으로 영감 제공

당신의 백억, 지금부터 시작입니다.

백억커피의 시프트 정의

백억커피는 단순 저가 커피 브랜드에서, "점주 생존율을 극대화하는 운영 구조"로 전환한 사례입니다.

핵심 시프트 순간

- 가격 경쟁 → 점주 중심 운영

저가 커피 시장 과열로 단순 가격 승부는 한계

→ '폐점율 0%'를 목표로 점주 운영 지원 시스템 강화

→ 결과: 가맹점주가 안정적으로 장기 운영 가능

- 확장 중심 → 지속 가능 구조

빠른 출점보다 '운영 지속성'에 집중

→ 소규모 창업, 낮은 임대료 입지, 단순화된 음료 중심 운영

여기에 시네마·간식형 메뉴(팝콘·군고구마·라떼 등)를 접목해 부가 수익원 창출

→ 결과: 가성비 + 가심비를 모두 충족하는 브랜드로 성장

- 일방 가맹 → 동반 성장 모델

본사 이익보다 점주의 수익 우선

→ 점주 피드백 반영, 협력형 운영

→ 결과: 브랜드 신뢰도 강화, 충성도 높은 가맹망 형성

요약: 백억커피의 시프트는 저가 경쟁 → 점주 중심 운영 → 지속 가능한 프랜차이즈 구조(시네마·간식형 메뉴 결합)으로 정리됩니다.

한국 커피 시장 변천사

1. 전통 다방 시대 (1960~1980년대)

- 커피 = 믹스커피 중심
- 다방이 만남과 대화의 공간 역할
- '다방 커피'는 진한 단맛과 프림 향이 특징

2. 프랜차이즈 1세대(1990년대 후반~2000년대 초)

- 커피 전문점의 본격 등장 (스타벅스 1999년 진출)
- 할리스(1998), 투썸플레이스(2002), 카페베네(2008) 등 토종 브랜드 확산
- 커피 = 문화·휴식 공간으로 인식 변화

3. 저가형 테이크아웃 커피 붐 (2000년대 중후반)

- '1,000원 커피' 붐 (맥스웰하우스 카페, 빽다방 초기 모델 등)
- 직장인 출근길·대학가 중심, 빠른 회전율로 성장
- 고급 커피 대비 가성비 강조

4. 프리미엄 & 디저트 결합 시대 (2010년대 초중반)

- 스타벅스, 폴 바셋(2009), 블루보틀(2019) 등 프리미엄 브랜드 주도
- 디저트·베이커리 결합형 카페 증가. 투썸플레이스, 메종엠오(2014) 등
- 소비자 선택 기준: 품질·브랜드 이미지·매장 경험

5. 대용량·초저가 경쟁 시대 (2015년~)

- 메가커피·컴포즈·빽다방·더벤티 등 대용량+저가 전략 확산
- MZ세대 중심 SNS 확산 → 브랜드 인지도 급성장
- '양 많고 싼 커피'가 핵심 가치

6. 차별화·복합 콘텐츠 카페 시대 (2020년~)

- 테마·취미·식사·굿즈 결합형 카페 등장
- 백억커피처럼 시네마 메뉴·놀이·경험 요소 결합
- 단순 음료 판매 → 경험·부가수익 모델로 확장

[참고자료]

1. 매일경제 - 어느 곳과는 다른 폐점율 0% (2025)

2. 한경비즈니스 - "가맹점주 수익 먼저 생각한 커피 브랜드, 백억커피의 역발상 전략" (2023)

3. 매일경제 - "가격은 낮추고, 재미는 높인다… 백억커피의 시네마 메뉴 실험" (2024)

4. 한국프랜차이즈산업연구원 보고서 - "중저가 커피 브랜드의 차별화 전략: 백억커피 사례 중심" (2024)

5. 식품외식경영학회지 - "소규모 프랜차이즈의 수익성 중심 전략 분석: 백억커피를 중심으로" (2023)

6. 조선일보 인터뷰 - "점주가 백억 버는 구조 만들겠다" 백억커피 최승윤 대표의 도전 (2023)

7. 브런치(@franchise_insight) - "가성비 넘은 가심비, 백억커피가 말하는 소비의 변화" (2024)

8. 중앙일보 경제 섹션 - "스타벅스도 못 한 고객 경험? 백억커피의 소문 마케팅" (2024)

9. 서울경제TV 보도자료 - "백억커피, 공유오피스 패스트파이브 입점 확대 예정" (2025)

10. 인스타그램(@100eok_coffee) – "#백억시네마챌린지 #나쵸라떼? 반응 폭발" (2025)

11. KPR리서치 프랜차이즈 리포트 – "2030 소비자의 커피 브랜드 선택 요인 분석" (2024)

12. 매일경제 – 스타벅스, '제3의 공간' 넘어 '디지털 경험' 강화 (2023)

13. 이디야커피 웹사이트 – 브랜드 스토리

14. 포춘코리아 – 고점 찍은 '저가커피' 시장

15. 백억커피 공식 웹사이트 – 백억커피: 최초의 시네마 메뉴 카페창업

16. 식품음료신문 – '가성비 커피' 저무나?…프랜차이즈도 가격 인상

17. 네이버 블로그 – 2025년 커피 체인 시장점유율 TOP10

18. 노서치 – 프랜차이즈 카페 15곳 음료 용량 및 사이즈 비교

19. 오픈프랜차이즈 – 백억커피 – (주)오가다 | 프랜차이즈 정보분

4장

스타벅스에서

보았다

방식을 바꾸다

공간 재해석
- '사무실' 개념을 유연하게 재정의
- 일·휴식 경계 허물기
- 카페·라운지 등 생활 공간 결합

사용자 중심 설계
- 업무 동선 편의성 최적화
- 빠른 입주 즉시 사용 가능한 인프라
- 회의실·휴게 공간·라운지 차별화

유연한 사업 모델
- 단기·장기 계약 병행
- 스타트업부터 대기업 위성 오피스
- '프린트·비서·컨시어지' 서비스

네트워크와 커뮤니티 가치
- 커뮤니티 네트워크
- 온+오프라인 커뮤니티 플랫폼 운영
- '패파 패스' 전 지점 자유이용권

SHIFT MINDSET

공간의 재해석

"공간은 단순한 장소가 아니라, 우리의 꿈이 깃드는 그릇이다."

Space is not just a place, but the vessel of our dreams. 가스통 바슐라르(Gaston Louis Pierre Bachelard), 프랑스 철학자

이 말은, 김대일 대표가 2014년 늦가을 스타벅스에서 마주한 한 장면과 묘하게 겹쳐집니다.

"공간은요, 단순한 부동산이 아니잖아요. 누군가의 꿈을 품는 플랫폼이죠."

> **AS-IS:** 사무실은 고정된 출퇴근 공간
>
> **TO-BE:** 어디서든 일할 수 있는 유연한 플랫폼

그 말이 머릿속에서 자꾸 맴돌았습니다. 한때 '일하는 공간'은 참 단순했습니다. 아침이면 사람들은 사무실로 향했고, 해가 지면 다시 집

으로 돌아갔습니다.

"여기가 내 자리다."

누구도 의심하지 않았습니다. 그게 당연했던 시절이었죠. 하지만 어느 순간부터 경계가 흔들리기 시작했습니다.

카페 한켠에서, 콘센트를 찾아다니며 노트북을 켜는 사람들.

AS-IS: 카페 한켠, 불편한 노트북 노동
TO-BE: 일과 네트워킹이 함께하는 생태계 공간

집 식탁 위엔 커피잔 옆에 마우스, 그 위로 흐르는 프레젠테이션 슬라이드. 사무실 밖에서도 일은 가능해졌지만, 누구도 그걸 "편하다"고 말하진 않았습니다.

AS-IS: 책상·의자·와이파이 같은 물리적 요소
TO-BE: 커피·대화·사람이 어우러진 경험의 그릇

그날도 그랬습니다. 2014년 늦가을, 스타벅스 한 테이블. 김대일 대표는 조용히 한 사람을 바라보고 있었습니다. 후드티에 백팩, 그리고 펼쳐진 맥북. 딱 봐도 창업가였습니다.

그는 조심스레 말을 건넸습니다.

"혹시… 여기서 일하시기, 불편하지 않으세요?"

상대는 피식 웃으며 대답했습니다.

"불편하죠. 근데 뭐… 딱히 방법이 없잖아요."

짧은 말이었지만, 김대일 대표의 머릿속에는 그 순간 하나의 장면이 떠올랐습니다. 책상, 의자, 와이파이. 그리고 커피, 사람, 대화.

> **AS-IS:** 카페의 임시자리
>
> **TO-BE:** 패스트파이브가 꿈꾸는 새로운 일터의 모델

'이건 단순한 공간이 아니라, 일이 자라는 생태계가 될 수도 있겠는데…'

그는 그렇게 생각했습니다. 그날, 그는 단순히 커피 한 잔을 마신 것이 아니었습니다. 그는 그곳, 스타벅스에서 패스트파이브의 미래를 보았습니다.

공간을 넘어, 플랫폼
일하는 사람들의 경험과 성장을 설계하는 통합 플랫폼

민첩한 대응력
위기와 변화에 맞춰 빠른 실행과 유연한 진화를 이끌어낸 힘

사람 중심
"우린 공간이 아니라 사람을 본다"라는 철학처럼,

사용자 중심의 커뮤니티·서비스 설계

1. 공간 혁신의 시작

그 생각을 현실로 옮기려는 사람이 있었습니다. 김대일 대표. 언제나처럼, 카페 한구석에 노트북을 펼친 창업가들을 보며 중얼거렸죠.

"왜 다들 이렇게 불편하게 일하고 있을까…"

> **AS-IS:** 카페 구석, 불편한 노동의 연속
>
> **TO-BE:** 유연·쾌적한 창업가 맞춤형 오피스

단순한 궁금증은 곧 문제의식으로, 그리고 가능성으로 바뀌었습니다. 그 이야기를 듣고 있던 박지웅 대표가 조용히 말했죠.

"대일 씨, 그럼 우리가 직접 만들어보면 어때요?"

그 말은 단순한 제안이 아니라, 패스트파이브의 첫 신호였습니다.

둘은 서초동의 오래된 건물로 향했습니다. 느린 엘리베이터, 어두운 복도, 전단지 투성이.

"여기서 할 수 있을까요?"

"왜 안 되죠? 우리가 바꾸면 되잖아요."

> **AS-IS:** 낡고 어두운 서초동 빌딩
>
> **TO-BE:** 새로운 기회의 공간으로 재해석된 공유오피스

그 공간은 저렴한 임대료 이상의 의미를 갖기 시작했죠. 창업가들이 머물 수 있는 기회의 공간으로요.

"회의실은 작아도 쾌적하게. 커피는 무제한. 그리고… 커뮤니티 매니저."

> **AS-IS:** 단순한 책상·와이파이 제공
>
> **TO-BE:** 네트워크·자극·지원이 자라는 스타트업 생태계

"사무실에 매니저가요?"

"사람들을 연결해야 하니까요."

그들에게 '공간'이란 단순한 임대물이 아니었습니다. 사람과 사람이 연결되는 구조였죠.

> **AS-IS:** 단순한 책상·와이파이 제공
>
> **TO-BE:** 네트워크·자극·지원이 자라는 스타트업 생태계

그렇게 시작된 실험이 훗날 수십 개 지점과 수천 팀을 품는 패스트파이브의 첫 뿌리가 되었습니다. 김대일 대표는 원래 전자공학을 전공했지만, '사람의 일하는 방식'에 더 관심이 생겼습니다. 스타트업에서 커리어를 시작한 그는 VC(벤처캐피탈)에서 수많은 창업가들과 마주했죠.

"이런 공간이 있었다면, 많은 팀들이 더 멀리 갔을 텐데요."

그 말은 그가 자주 하던 이야기였습니다.

2014년 말, 서초동 사무실 한켠. 단 4명. 조용히 문을 연 실험 공간. 그때 그들은 공유오피스라는 낯선 개념을 실험 중이었습니다. 왜 스타

트업 지원 조직이 공간을 만들었을까요? 높은 보증금, 비싼 월세, 번거로운 계약과 인테리어. 초기 창업가들에게는 너무나 큰 벽이었습니다.

> **AS-IS:** 보증금·인테리어·긴 계약, 높은 장벽
>
> **TO-BE:** 저렴한 비용 + 단기 계약으로 진입장벽 해소

그래서 생각했습니다.

"성장 속도가 유동적인 팀엔, 고정된 공간이 아니라 유연한 오피스가 필요하구나."

"이번 달 인원이 늘었어요. 회의실 하나론 부족해요."

이런 요청이 늘어날수록, 살아 있는 공간의 필요성은 더 커졌습니다.

하지만 벽을 바꾼다고 일의 방식까지 바뀌진 않죠. 입주사 한 명이 말했습니다.

"공간이 아니라, 일할 수 있는 환경이 필요해요."

그래서 그들은 질문을 바꿨습니다.

"당신에게 진짜 필요한 건 뭔가요?"

> **AS-IS:** 창업가의 외로운 생존 싸움
>
> **TO-BE:** 함께 성장하는 커뮤니티로 전환

스타트업은 단순한 책상이 아닌 서로 연결되는 생태계를 원했습니다. 투자자와의 만남, 시행착오의 공유, 그리고 때론 자극도.

이 모든 니즈를 먼저 읽어낸 곳, 바로 패스트트랙아시아였습니다.

답은 명확했습니다. 합리적 비용 + 유연 계약 + 커뮤니티 중심. 한국형 공유오피스.

그렇게 '패스트파이브'라는 이름의 씨앗이, 조용히, 그러나 단단하게 그 땅에 심어졌습니다.

2. 공간을 넘어선 가치 '비즈니스 모델 차별화'

"패스트파이브는… 뭘 파는 곳인가요?"

이 질문, 단순해 보이지만 꽤 본질적입니다. 패스트파이브는 처음부터 단순히 책상과 의자를 빌려주는 회사가 아니었습니다.

"우린 사무실을 임대하는 게 아니라, 사람이 일할 수 있는 환경을 디자인하는 겁니다."

김대일 대표가 자주 하던 말입니다.

AS-IS: 책상·의자 임대 수준의 단순 오피스

TO-BE: 공간 + 서비스 + 커뮤니티가 연결된 플랫폼

그들의 모델은 공간-서비스-커뮤니티가 유기적으로 연결된 구조. 공간이 있어야 서비스가 작동하고, 서비스가 사람을 불러오고, 사람이 모이면 커뮤니티가 자라죠. 그리고 그 커뮤니티는 공간에 다시 새로운 의미를 부여합니다.

"일할 장소보다 중요한 건, 누구와 어떻게 연결돼 있는가입니다."

입주사의 한마디가, 지금 시대의 일을 설명해줍니다. 라운지에서 마주친 두 팀이 자연스럽게 협업을 시작하고, 짧은 대화가 하나의 프로젝트로 이어지는 장면들. 이런 풍경이 매일 조용히 공간을 채웁니다. 패스트파이브의 핵심은 '통합된 업무 환경'입니다.

"유연한 공간"

AS-IS: 높은 임대료·복잡한 계약이 만든 장벽

TO-BE: 합리적 비용·유연한 계약으로 부담 해소

어떤 날은 혼자만의 집중이 필요하고, 어떤 날은 열 명 넘는 팀 미팅

이 생기기도 하잖아요.

패스트파이브는 그 변화에 맞춰 움직입니다. 1인 데스크부터 20인 이상 팀 오피스까지. 필요하면 더 넓히고, 잠깐 쓰고 싶다면 한 달만 계약해도 괜찮아요.

"이 정도 유연함이면, 팀이 커지는 게 더 이상 걱정은 아니에요."

입주사 대표 한 분이 웃으며 하신 말입니다.

"몰입을 위한 서비스"

사무실에서 제일 귀찮은 게 뭘까요? 청소, 소모품, 기자재, 우편물 정리, 느린 인터넷…

패스트파이브는 그런 일은 잊어도 된다고 말합니다.

> **AS-IS:** 단순한 인프라 제공
> **TO-BE:** 몰입 환경 + 지원 서비스로 본질적 업무에 집중

빠른 와이파이, 깨끗한 회의실, 철저한 보안, 그리고 깔끔하게 정리된 택배함까지. 입주사 분들이 "우린 진짜 일만 하면 돼요." 라고 말하는 이유, 여기에 있습니다.

"자연스럽게 생기는 커뮤니티"

사실, 가장 좋은 인연은 우연처럼 시작되잖아요. 커피 내리다 만난

사람, 프린터 앞에서 눈인사한 팀, 이름도 몰랐던 그 사람이 나중엔 협업 파트너가 되기도 합니다.

> **AS-IS:** 우연한 만남에 의존한 네트워킹
> **TO-BE:** 자연스러운 커뮤니티가 일상의 협업으로 확장

정기적인 네트워킹 행사도 있고, 온·오프라인을 오가는 산업별 모임도 있고요. 누구에게 말을 걸지 몰라도 괜찮아요. 이곳은 그저 함께 있다는 것만으로도 조금씩 연결되는 공간이니까요.

저도 강남역 3호점에 머무르며 느낍니다. 서로 다른 업종, 다른 꿈을 가진 분들이 함께 숨 쉬는 분위기. 그 에너지야말로 진짜 자산입니다.

이 삼각형 구조는 단순한 사무실 임대를 넘어, 일의 방식 자체를 제안하는 플랫폼으로 패스트파이브를 끌어올렸습니다.

"다 비슷한 거 아니에요?"

그런 질문에 김대일 대표는 말합니다.

"겉보긴 비슷해 보여도, 우린 한국 시장을 처음부터 고민했어요."

위워크(WeWork)는 글로벌 감성과 넓은 공간, 짜임새 있는 디자인이 강점이었지만, 한국 스타트업이 원하는 건 조금 달랐습니다.

> **AS-IS:** 글로벌 모델 중심의 일률적 디자인
>
> **TO-BE:** 한국 시장 맞춤형 현실적 솔루션 구축

"규칙적인 인테리어보다, 부담 없는 가격과 자연스럽게 연결되는 분위기가 더 중요해요."

패스트파이브는 그 '현실의 목소리'에 귀를 기울였습니다. 보여지는 공간보다, 살아가는 공간을 만들겠다는 철학. 그래서 누군가는 말하죠. "위워크가 꾸민 공간이라면, 패파는 살아있는 공간이다."

이 차이는 단순한 미감이 아니라, 지속 가능성의 깊이로 이어졌습니다. 국내 브랜드 경쟁도 만만치 않습니다. 하지만 패스트파이브는 빠른 지점 확장, 다양한 규모의 오피스 제공 전략으로 시장 내 입지를 빠르게 확보했습니다.

> **AS-IS:** "다 똑같은 공유오피스"라는 인식
>
> **TO-BE:** 일하는 방식을 설계하는 플랫폼으로 정체성 확립

'다 똑같은 공유오피스'라는 편견을 깨고, '일하는 방식을 설계하는 플랫폼'으로 자신만의 정체성을 조용히, 그러나 확실히 만들어가고 있었던 겁니다.

3. 시장의 리더가 되다

"압도적인 성장과 확고한 포지셔닝"

2015년 봄, 서초동의 작은 공간에서 시작된 패스트파이브. 그 조용한 출발은 예상보다 훨씬 빠르게 성장으로 이어졌습니다. 그리고 어느덧, 국내 1위 공유오피스라는 타이틀이 낯설지 않은 이름이 되었죠. 2025년 6월 현재, 그 리더십은 굳건합니다.

> **AS-IS:** 작은 서초동 공간에서의 조용한 출발
>
> **TO-BE:** 국내 1위 공유오피스로 성장 - 성장의 압도적 속도

누군가는 이렇게 묻습니다.

"그거, 그냥 시기적 운이 좋았던 거 아닐까요?"

하지만 패스트파이브의 성장은 운 하나만으론 설명되지 않습니다. 그 뒤엔 분명한 두 개의 축이 있었습니다.

첫째, 비즈니스 모델의 강력한 실행력. 공간, 서비스, 커뮤니티가 맞물려 돌아가는 그들의 시스템은 단순한 이론이 아니라 실제 고객의 문제를 해결하는 방식으로 현실에 정확히 이식되었습니다.

> **AS-IS:** 단순한 모델 구상에 그치던 경쟁사들
> **TO-BE:** 실행력 있는 시스템(공간·서비스·커뮤니티)으로 고객 문제 해결

둘째, 민첩한 대응력. 시장이 흔들릴 때, 트렌드를 예측하기보다 고객 곁에서 반응한 전략.

"우린 사람을 먼저 봤어요."

김대일 대표는 그렇게 말합니다. 예컨대, 2020년 팬데믹이라는 거대한 충격 앞에서도 패스트파이브는 멈추지 않았습니다. '탄력 멤버십' '하이브리드 오피스' '워케이션 지점' 같은 실험이 빠르게 도입되었고, 유연하게 정착됐죠.

> **AS-IS:** 팬데믹 위기 속 정체 가능성
> **TO-BE:** 탄력 멤버십·하이브리드 오피스로 유연하게 돌파

결국, 튼튼한 뿌리와 유연한 줄기. 그 두 가지가 있었기에, 패스트파이브는 흔들리지 않고 오히려 더 넓게 가지를 뻗을 수 있었습니다. 처음엔 서초동의 한 구석에서 시작했지만, 패스트파이브는 머무르지 않았습니다. 강남, 종로, 삼성, 을지로… 서울 주요 업무 지구마다 하나둘 지점을 늘려가며, 누구든 가까이에서 이 공간을 경험할 수 있도록 만

들었습니다.

> **AS-IS:** 제한된 지역·소수 지점
>
> **TO-BE:** 강남·종로·삼성 등 서울 전역 확장 - 브랜드 익숙함 확보

출근길마다 스쳐 지나던 오피스 간판, "패스트파이브"라는 이름이 하나의 익숙함 되었죠.

'공유오피스 하면 어디가 떠오르시나요?'

이 질문에 이젠 많은 사람들이 패스트파이브를 자연스럽게 말합니다. 크게 광고하지 않아도, 지금 이 공간에서 일하고 있는 사람들이 스스로 브랜드의 증거가 되어주고 있습니다.

스타트업이든, 중소기업이든, 심지어 대기업의 프로젝트팀이나 프리랜서, 크리에이터까지. 각자의 방식대로 일하고 싶은 사람들을 위해, 패스트파이브는 1인 데스크부터 20인 이상 대형 오피스까지 다양한 크기의 공간을 준비했습니다.

"한 사람의 집중도, 한 팀의 열정도 놓치지 않도록."

그 마음으로요.

창업을 시작할 때, 가장 큰 걱정은 공간입니다. 비용, 계약 기간, 보증금… 모두에게 벽처럼 느껴지는 그 장벽을, 패스트파이브는 낮추기

로 했습니다.

> **AS-IS:** 높은 진입장벽(보증금·비용·기간)
>
> **TO-BE:** 만원 오피스·렌트프리 → 창업가에게 시작의 용기 제공

'만원 오피스', '렌트프리' 같은 낯선 프로모션들이 처음엔 놀라움이었지만, 누군가에게는 "이제 시작해도 되겠다"는 용기를 주었습니다. 합리적인 비용, 1개월 단위의 유연한 계약.

이 모든 전략은 단지 고객을 유치하기 위한 게 아니라, 누군가의 첫 출근을, 더 가볍고 설레게 만들기 위한 배려였습니다.

이처럼 패스트파이브는 누구보다 가깝게, 누구보다 유연하게, 사람들이 일하고 싶어지는 공간의 기준을 만들어가고 있습니다.

이 모든 전략이 맞물리며 패스트파이브는 조용하지만 단단하게, 한국 공유오피스 시장의 표준으로 자리 잡았습니다.

> **AS-IS:** '다 비슷한 공유오피스'라는 인식
>
> **TO-BE:** 사람과 공간을 함께 보는 철학 → 시장 표준 자리매김

"크게 소리치진 않았지만, 우린 누구보다 빠르게 시장의 중심에 도달

했어요."

그건 단지 성장의 결과가 아니라, 사람과 공간을 함께 바라보는 방식의 차이였는지도 모릅니다.

4. 도전과 진화, 그리고 확장

- 멈추지 않았던 이유

패스트파이브의 여정이 항상 순탄했던 건 아닙니다. 공유오피스 시장은 그 자체로 복잡하고도 예민한 생물이었죠. 새로운 브랜드들이 끊임없이 등장하고, 입주자들의 니즈도 '하루가 멀다'하고 바뀌었습니다.

"오늘은 조용한 데가 좋고, 내일은 사람을 만나고 싶고…"

운영팀의 말처럼, 사무실은 더 이상 '고정된 부동산'이 아니었습니다. 그리고 코로나19 팬데믹이라는 거대한 파도가 닥쳤을 때, 업계 곳곳에서 들려왔습니다.

"이젠 공유오피스도 끝났다."

하지만 그때, 패스트파이브는 조용히 움직였습니다.

> **AS-IS:** 팬데믹 위기 속 "공유오피스 끝났다" 전망
>
> **TO-BE:** 안전·방역 체계 강화 → 신뢰 기반 생존

"지금이 우리가 왜 필요한지 보여줄 기회예요."

김대일 대표의 말처럼, 그들은 공간의 본질을 놓치지 않았습니다. 무엇보다 신뢰할 수 있는 안전함을 지켜냈습니다. 비대면 투어, 체계적인 방역. 작은 기업들에겐 버거웠던 안전조치들을 패파는 일상처럼 운영했고, 실제로 그 시기, 지점 내 감염 사례는 '0'이었습니다. 그들의 시선은 '공간'보다 '일하는 이유'에 닿아 있었습니다. 그들의 전략은 '공간'보다 '일하는 이유'에 집중한 진화였습니다.

"공간 그 이상으로 진화한 모델"

패스트파이브는 이제 단순한 오피스가 아닙니다. 일의 방식 자체를 '디자인하는 플랫폼'으로 진화하고 있습니다.

> **AS-IS:** 단순 공간 제공의 한계
>
> **TO-BE:** '일하는 이유'에 집중 → 플랫폼化 진화

하이브리드 워크 솔루션으로 "고정된 출근이 아닌, 필요한 날 필요한 만큼 사용하는 유연한 공간 모델 제시"

> **AS-IS:** 고정 출근 문화의 불편
>
> **TO-BE:** 하이브리드 워크·유연 모델 제시 → 일 방식 재설계

서비스 고도화는 "IT 지원, 법률·세무 상담, 복지 연계 등 실질적 비즈니스 도우미 역할 강화" 커뮤니티 강화를 위한 "산업별 네트워킹, 온라인 커뮤니티 운영 등을 통해 '성장 파트너'로 자리잡음"

스마트 오피스 기술 도입은 "스마트 도어락, 회의실 예약 자동화 등 운영 효율과 사용자 편의성을 동시에 향상"

> **AS-IS:** 스타트업 지원의 단순 편의 서비스
>
> **TO-BE:** IT·법률·세무·복지까지 → 비즈니스 도우미 역할

이러한 변화는 패스트파이브가 단지 살아남는 것을 넘어, 시장 리더십을 공고히 하고, 장기적인 성장 기반을 다지는 동력이 되었습니다.

"확장의 방식도 진화 중입니다"

앞으로의 전략은 단순히 지점을 늘리는 데 그치지 않습니다. 기업의 상황에 맞춘 맞춤형 오피스, 거점 오피스, 하이브리드 전용 공간의 지속과 더 유연하고 정교한 솔루션으로 확장될 예정입니다.

공간을 넘어, '일하는 방식'을 설계하는 브랜드로 진화하겠다는 겁니

다.

"지점별 컨셉의 차별화 전략"

또 하나, 주목할 만한 전략이 있습니다. 바로 '모든 지점이 같을 필요는 없다'는 생각.

> **AS-IS:** 모든 지점이 동일한 공간 구조
> **TO-BE:** 지점별 특화 콘셉트 → 맞춤형 고객 경험

"이 동네는 IT 스타트업, 저긴 콘텐츠 크리에이터가 많아요."

그 관찰에서 시작된 기획은, 지점별 컨셉으로 발전했습니다.

"홍대 지점: 비주얼 회의실, 촬영 조명, 포토존 강남 지점: 보안 강화, 응접실, 집중형 업무 공간 힐링형 지점: 식물이 많은 라운지, 조용한 휴식 공간 야근형 지점: 밤샘 업무에 최적화된 조명과 간식 공간, 1인 크리에이터 지점: 방음 스튜디오, 영상 편집실"

"이 공간은 나를 닮았어."

입주자들이 그렇게 느끼게 만드는 것이, 패스트파이브의 진짜 전략입니다. 지점마다 다른 얼굴, 다른 성격. 이러한 컨셉 차별화는 고객 만족도를 높일 뿐 아니라 지점마다의 고유한 매력을 강화해 브랜드 전체의 경쟁력을 높이고 있습니다.

AS-IS: 단순 생존 전략

TO-BE: 시장 리더십 공고화 + 장기 성장 기반 → 확장 동력

5. 미래를 향한 시선: 일하는 방식의 새로운 기준

이제 패스트파이브는 조용하지만 확실하게, 한국 공유오피스 시장의 새로운 기준을 만들어가고 있습니다. 2025년 10월 현재, 그들은 단순히 '공간을 임대'하는 기업을 넘어 일하는 사람의 경험과 성장을 함께 설계하는 통합 플랫폼으로 진화하고 있습니다.

AS-IS: 사무실 = 단순 임대 공간

TO-BE: 경험·성장 설계 → 비즈니스 플랫폼화

결국 이들의 방향은 한 문장으로 정리할 수 있습니다.

"일하는 사람들을 위한 최적의 환경과 성장 기회를 제공하는 비즈니스 플랫폼"

그들이 빌려주는 것은 사무실이 아닙니다. 그들이 설계하는 것은 생

산성의 흐름, 사람 간의 연결, 그리고 무엇보다 일상의 리듬입니다. 김대일 대표의 말처럼, "우린 사무실을 빌려주는 게 아니라, 일하는 방식을 디자인하는 거예요." 그 말은 슬로건이 아니라, 패스트파이브가 지향하는 철학이자 실천의 언어입니다.

우리가 기대해도 좋은 일의 미래, 그렇다면, 앞으로 패스트파이브가 그려 나갈 미래는 어떤 모습일까요?

"누구나 일하고 싶어지는 공간, 혼자 일하면서도 연결감을 느끼는 구조, 출근이 스트레스가 아니라 기대가 되는 일상, 그 안에서 관계, 지식, 경험, 기회가 자라는 플랫폼"

> **AS-IS:** 출근 = 의무·스트레스
> **TO-BE:** 공간 = 연결·기회·리듬 → 일상의 기대감

바로 그런 공간이, 패스트파이브가 준비하는 '내일의 오피스'입니다. 그리고 그들은 계속 움직입니다. 앞으로도 패스트파이브는 변화하는 일의 흐름에 맞춰 "기술을 더하고, 커뮤니티를 넓히며, 지점마다 색깔 있는 컨셉을 통해 다양한 고객 니즈에 응답할 것입니다." 이제 공간은 단순한 장소가 아닙니다. 사람이 일하고, 연결되고, 성장할 수 있는 서비스와 커뮤니티가 결합된 플랫폼입니다.

> **AS-IS:** 브랜드 = 지점 확장 중심
>
> **TO-BE:** 기술·커뮤니티·콘셉트 강화 → 맞춤형 오피스 진화

그리고 패스트파이브는 그 새로운 가치를 이미 조용히, 그러나 분명히 증명해내고 있습니다. 여러분의 사업은 지금 어떤 공간 위에서 이루어지고 있나요? 그 공간은 여러분의 성장과 몰입을, 얼마나 도와주고 있나요? 패스트파이브의 사례가 당신의 업무 환경을 다시 바라보는 작은 계기가 되기를 바랍니다.

그리고 공간을 통해 새로운 가치를 창출하는 전략, 지금부터 함께 고민해보는 건 어떨까요? "공유오피스는 전통 사무실에서 협업의 장으로 스타트업 성장의 촉매를 거쳐, 하이브리드 시대의 거점으로 진화했습니다.

> **AS-IS:** 과거 협업 중심 오피스
>
> **TO-BE:** 하이브리드 시대 플랫폼 → 일과 삶의 통합

한국 역시 이 흐름 속에서 여러 브랜드가 자리 잡았고, 이제는 일과 삶을 잇는 플랫폼으로 확장되고 있습니다."

패스트파이브의 시프트 정의

패스트파이브는 단순 공유오피스 제공에서, "일하는 방식을 설계하는 플랫폼"으로 방향을 전환했습니다.

핵심 시프트 순간

- 공간 임대 → 업무 경험 플랫폼

초기: 스타트업 대상 단순 사무실 임대

→ 시프트: 스타벅스에서 영감을 받아, 공간 자체를 브랜드화

→ 결과: '일하는 방식의 재디자인'이라는 새로운 가치 창출

- 스타트업 중심 → 대기업·기관 고객 확대

공유오피스가 소규모 기업 전용이라는 한계

→ 시프트: 대기업 위성오피스, 프로젝트룸, 교육공간으로 확장

→ 결과: 안정적 B2B 매출 확보

- 오피스 공간 → 일하는 문화 서비스

단순 책상·회의실 제공에서 → 행정지원, 네트워킹, 웰니스(건강·휴식 공간)까지 패키지화

→ 결과: 구성원 만족도 상승, 재계약률 강화

요약: 패스트파이브의 시프트는

사무실 임대 → 업무 경험 플랫폼 → 대기업·기관 확장 → 일하는 문화 서비스 라는 단계적 전환으로 정리됩니다.

연대별 공유오피스 흐름 + 한국 사례

1. 1990년대 중반 - 해커스페이스, 공유의 실험
- **콘셉트:** 기술과 아이디어를 나누는 커뮤니티 기반 작업 공간
- **대표 해외 사례:** C-Base (1995, 독일 베를린)

2. 2000년대 초 - 서비스 오피스 모델
- **콘셉트:** 행정지원·비즈니스 인프라를 제공하는 완비형 사무실
- **대표 해외 사례:** ServCorp (호주), Regus (영국)
- **한국 동향:** 서울 강남·종로권에서 '비즈니스센터' 형태로 도입, 외국계 주도

3. 2005년 - 커뮤니티형 공유오피스 탄생
- **해외:** 브래드 노이버그(Brad Neuberg), 샌프란시스코에서 'Coworking' 개념 창시
- **한국:** IT·디자인 프리랜서 중심의 소규모 코워킹스페이스 시작 (예: 2007년 서울, 홍대 주변 창작자 작업실 공유 시도)

4. 2010년대 - 글로벌 브랜드 진출 & 국내 확산

- **해외**: WeWork(2010) 전 세계 39개국 진출
- **한국**:

  → 2016: WeWork 강남점 오픈, 공유오피스 시장 본격 성장

  → 2015~: 패스트파이브(FastFive), 스파크플러스(SparkPlus), 로컬스티치(Local Stitch) 등 국내 토종 브랜드 등장

  → 특징: 스타트업, 1인 창업가, 외국계 기업 한국 지사 수요 급증

5. 2020년대 - 복합형·지역 특화

- **해외**: 럭셔리 공유오피스, 리조트형 오피스
- **한국**:

  → 패스트파이브 → 대형 빌딩 위주 확장 + 오피스 관리 서비스 사업 진출

  → 로컬스티치 → 숙박·문화·공유오피스 융합

  → 스파크플러스 → 수도권 다점포 네트워크 강화

  → 스터디카페·공유독서실(예: 작심, 토즈 스터디센터)과의 경계 허물어짐

[참고자료]

1. FASTFIVE - 국내 1위 공유오피스
2. 나무위키 - 패스트파이브
3. Brunch (김대일) - 패스트파이브 창업 초기 에피소드 (2017)
4. 에너지경제신문 - 김대일 패스트파이브 공동대표 (2015)
5. 패스트파이브 블로그 - 경영진 인터뷰 - 대표 김대일
6. 포브스코리아 - 김익환이 만난 혁신 기업가 김대일 패스트파이브 대표
7. 블로터 - 공유오피스 '위워크'의 추락이 던지는 메시지
8. 홍익대학교 - 포스트 코로나 시대에 따른 공유 오피스의 변화 연구
9. 네이버 블로그 (arin_ll) - 공유오피스 1인실 비교 합리적인 수 스페이스 (2024)
10. 포춘코리아 - 공유오피스 대표 CEO, 의미있는 사무실 문화 원한다면 직원들을 위한
11. RISS - 국내학술지논문: 공유오피스의 대한 시장도 제대로 형성되어 있지 못한 실정이다.
12. 한국학술지인용색인 - 공유오피스의 커뮤니티 중심 공간 구성 특성
13. RISS (전재식, 김우찬) - 공유오피스가 서울 주요 오피스시장에 미치는 영향에 관한 연구

14. 네이버 블로그 (nalnal_2) - 공유오피스 6개월째 정착하고 쓴 비용 정리해봄 (2023)

15. 한국부동산분석학회: 논문 (송선주 외) - 공유오피스 임대료의 영향요인에 관한 연구 (2021)

16. 어반쉐어스 공유 오피스 블로그

17. 시그널 - 서울 오피스 텅텅 비는데…공유 오피스는 '만실'

18. 롯데 공식블로그 - 유오피스 시장 진출 또는 활용

19. KOIT - 공유오피스, 산뜻하게 실속있게 편리하게…사무공간 새 트렌드 눈길

20. 매일경제 - 공유오피스 줄줄이 파산…한국 토종 기업은 살아남았다 [내일은 유니콘] (2025)

21. 조선일보 - '공유' 빼는 공유 오피스 (2025)

22. 네이버 블로그 (starsnmaps) - 〈패스트트랙아시아 박지웅 대표 EO 영상 2편〉: Share of wallet 사업

23. 한국경제 - 8000억 기업 만든 박지웅 "거인과 맞짱 뜰 '또라이' 찾아요" [인터뷰] (2022)

24. 네이버 블로그 (lhd1371) - 패스트트랙아시아 박지웅의 이기는 게임을 하라 - 박지웅 (2021), 리뷰 (2023)

25. byline.network - "안정적 비즈니스는 없다" 패스트벤처스 박지웅의 조언

(2024)

26. TISTORY - 스타트업에서 하지 말아야 할 것들 (feat. 패스트벤처스 대표 박지웅)

27. 유니콘뉴스 - "99가지 실패의 이유에도, 나는 창업을 멈추지 않았다" - 박지웅 패스트

28. 유니콘뉴스 - "열등감은 나를 지치지 않게 한다" - 박지웅 패스트트랙아시아 대표

29. 조선비즈 - [쫌아는기자들] 패스트벤처스의 '시스템 투자론', 유니콘을 독과점할 (2024)

30. TISTORY - 패스트트랙아시아 박지웅 대표 - 스타트업의 모든 것

SHIFT MINDSET
리더십 균형, K-리더십의 단계별 진화

리더십의 균형, 그 timeless한 지혜

사업을 하다 보면 늘 같은 질문에 부딪힙니다.

"유연함이 원칙을 흔들면 어쩌지?"

"원칙만 고집하다가 유연함을 잃으면 어쩌지?"

리더십은 결국, 그 두 축 사이의 **균형의 예술**입니다. 유연함은 사람을 품게 하고, 원칙은 방향을 잃지 않게 만듭니다. 둘 중 하나만 선택한다면, 절반짜리 리더십에 머물 뿐입니다.

동서양 경계에서 배우는 통찰

한나라 유방(劉邦)은 "지기일불지기이(知其一不知其二)"라는 말을 남겼습니다. 직역하면 '하나는 알고, 둘은 모른다'이지만 그 뜻은 "모든 걸 알 필요는 없다, 사람을 믿고 맡길 줄 아는 것이 진짜 리더의 지혜다"입니다.

유방은 전쟁의 세부 전략은 몰랐지만, 사람의 능력을 알아보는 눈과 사람을 믿고 맡기는 리더십에 탁월했습니다. 오히려 전략과 전술은 부하 장수들이 더 뛰어났습니다.

그의 참모였던 장량(張良)은 책사로서 '한 걸음 물러서 큰 판을 보는' 전략가였습니다. 초(楚)와 한(漢)의 싸움이 팽팽하던 때, 장량은 "승리는 싸움보다 명분에서 나온다"라며 유방에게 '백성의 마음'을 얻는 전략을 조언했습니다. 그 조언 덕분에 유방은 전쟁의 명분을 쥐었죠.

한신(韓信)은 전쟁의 천재였습니다. 그는 단 1만의 병력으로 20만의 적을 꺾은 '십면매복(十面埋伏)'의 전술로 유명합니다. 유방은 그의 군재를 알아보고, "이 사람을 놓치면 내 천하도 없다"며 직접 찾아가 삼고초려했습니다. 그리고 일단 맡기면 끝까지 간섭하지 않았습니다.

소하(蕭何)는 행정과 조직의 달인이었습니다. 유방이 전쟁터에서 패하고 도망치던 날, 모두가 달아났지만 소하만은 유방의 군량과 인재를 챙겨 돌아왔습니다. 그 믿음과 실무의 힘이 나라의 뼈대를 세웠죠.

유방은 이 셋에게 권한을 과감히 위임했습니다. 스스로 지휘하려 들지 않고, 큰 원칙을 세우되 그 안에서 사람이 움직일 여백을 남겼습니다. 그 덕분에 그는 혼자서는 절대 이길 수 없던 전쟁에서 결국 천하를 얻었습니다.

서양의 리더십 — 스티브 잡스의 '집착과 유연함'

스티브 잡스 역시 원칙과 유연함의 경계 위에서 혁신을 만들었습니다. 그는 완성도에는 타협하지 않았지만, 방법론에서는 언제든 방향을 바꿀 수 있었습니다.

그는 **집착하되 고집하지 않는 리더**였고, 그 태도가 오늘의 애플을 만든 바탕이었습니다. 잡스는 완성도에 있어 한 치의 양보도 없었지만, 전략과 실행의 방식에서는 언제든 방향을 틀 수 있었습니다.

디자인, 제품의 마감, 고객 경험 — 그 어느 것도 허투루 두지 않았습니다. 잡스는 '철학에는 고집하되, 방법에는 유연했던' 리더였습니다.

아이폰 초기 프로토타입에는 여러 개의 버튼이 달려 있었지만, 그가 '손가락으로 터치하는' 데모를 본 순간, 잡스는 즉시 결정을 바꿨습니다.
"이거야! 이게 진짜다."

그의 철학은 단순했습니다.

"고집은 철학에 두되, 방법은 언제나 유연해야 한다."

그 태도가 오늘의 애플을 만들었습니다. 원칙으로는 브랜드 철학을 지키고, 유연함으로는 시대의 변화를 포용한 리더 — 그것이 곧 스티브 잡스의 리더십이었습니다.

K-리더십 — 유연함과 원칙의 조화

리더십은 강함만으로 완성되지 않습니다. 때로는 유연함이 더 큰 힘을 만듭니다. 한국의 리더십은 바로 그 두 축, 원칙과 조화 사이에서 진화해 왔습니다.

삼성 이재용 회장의 '유강(柔剛)' 리더십이 그 예입니다. 절제된 강단 위에 부드러운 조율력을 더하며, 변화의 속도를 읽되 중심을 잃지 않는 리더로 평가받습니다.

그는 아버지 세대의 카리스마형 리더십과 달리, 조직과 사람 사이의 조율과 소통을 중시합니다. MZ세대가 부상하고, 글로벌 불확실성이 커지는 시대에 현장을 자주 찾고 직접 듣되, 결정은 단호하되 밀어붙이지 않는 균형을 보여줍니다.

유연함으로 속도를 조절하고, 원칙으로 방향을 지키는 리더십 — 그것이 한국형 리더십의 진화입니다.

한국의 리더들은 말보다 행동으로 자신을 증명합니다. 공식 연설보다 현장에서의 한 걸음이 더 큰 신뢰를 낳습니다. 유연함이 원칙을 흐리지 않고, 원칙이 유연함을 가두지 않을 때, 리더는 조직을 넘어 문화를 만듭니다.

성장 단계별 리더십의 변화

리더십의 균형은 기업의 **성장 단계마다 다르게 요구**됩니다. **창업 초기에는 유연함이 우선입니다.** 아이디어가 현실로 태어나는 과정에서는 규정보다 실행이, 완벽함보다 시도가 더 중요하니까요.

사업화 단계에서는 유연함 속에 원칙이 자리 잡습니다. 제품이 시장을 만나고 조직이 만들어질 때, 리더는 타협과 선택의 순간마다 '절대 양보할 수 없는 지켜야 할 선'을 세워야 합니다.

지속성장의 시기에는 원칙이 방향이 되고, 유연함이 그 방향을 실현하는 도구가 됩니다. 환경이 변해도 중심이 흔들리지 않도록, 리더는 강단과 조화를 함께 품어야 합니다.

그리고 마지막, **사회적 가치의 단계에서는 리더십이 철학으로 확장됩니다.** 개인의 성공을 넘어 '함께 성장하는 용기'로 이어집니다. 이익보다 신뢰, 경쟁보다 공존을 선택하는 힘 — 그것이 바로 오늘의 ESG 시대가 요구하는 리더의 품격입니다.

K-리더십의 본질, 그리고 timeless한 균형

한국의 리더들은 늘 말보다 행동으로 자신을 증명해 왔습니다. 공식 연설보다 회의실 밖의 한 걸음이 더 큰 신뢰를 낳습니다. **유연함이 원칙을 흐리지 않고, 원칙이 유연함을 막지 않을 때, 리더는 문화를 만들고 세대를 잇는 리더십을 남깁니다.**

그 균형의 미학, 그것이 바로 한국이 세상에 보여주는 **K-리더십의 본질**이며, 시대가 변해도 변치 않는 **timeless한 리더의 자격**입니다.

리더십의 본질

리더십이란, 모든 걸 통제하는 힘이 아니라 **흐름을 읽고 사람을 믿는 용기**입니다. 유연함이 원칙을 흔들면 방황이 되고, 원칙이 유연함을 막으면 독선이 됩니다.

둘이 맞물려 돌아갈 때, 그 톱니가 바로 **지속성장의 동력**이 됩니다. 그 지혜는 timeless, 영원하고(forever), 유행을 타지 않으며(enduring), 시간이 지나도 변하지 않는(endless) 원리입니다.

『시프트 마인드셋』은 이렇게 말합니다.

"성장할 수 있다는 믿음과 행동전략의 챗바퀴. 그 두 바퀴가 맞물려 돌 때, 그 마음은 결국 내 길을 밝히는 빛이 된다."

결국, 리더십의 균형이란 하나를 아는 것(知其一)이 아니라, 둘을 아우를 줄 아는 지혜(知其二)입니다.

그 길 위에서, 우리는 언제나 다시 성장할 수 있습니다.

5장

한국의 맛,
세계에 스미다

한식의 맛과 멋

현지 적응과 조화
- 태국 식문화 기호 분석
- 현지 입맛 맞춤 조리법
- 태국 왕실 유력 인사 방문 신뢰 확보

브랜드 스토리&정체성
- '가족같은 한식당' 이미지
- 음식 속에 담긴 한국의 생활문화 전달
- 매장 분위기·서비스로 한국 정서 재현

운영 안정화와 품질 유지
- 철저한 재료 관리와 공급망 구축
- 주방·홀 인력의 장기 근속과 숙련
- 표준화된 조리 프로세스

장기 지속과 확장 기반
- 현지 한인 사회와 로컬 커뮤니티 연계
- 재방문 고객·단골층 형성
- 추가 매장 브랜드 확장 가능성 확보

SHIFT MINDSET
태국을 사로잡은 한국의 맛

"음식은 우리의 공통분모이며, 모두가 공유하는 보편적인 경험이다."
Food is our common ground, a universal experience. 제임스 비어드(James Beard, 미국 요리사·미식가)

낯선 도시 방콕. 강렬한 태양과 혼잡한 거리 사이, 수쿰빗 프라자. 1997년, 윤대숙 사장은 IMF 위기 속 태국에서의 삶을 시작했습니다.

> **위기 속 선택 → 새로운 뿌리**
> IMF 시절 방콕에서 시작한 작은 식당,
> 한국의 맛은 위기에서 기회로 전환

'가보래', '명가', '동이'. 그녀가 만든 이 세 개의 식당은 단순히 밥을 파는 공간이 아니라 고요한 외교관처럼, 한식이라는 문화를 전하는 작은 대사관이었습니다.

> **한 끼 식사 → 문화의 대사관**
> **불고기·된장찌개는 단순한 메뉴가 아니라**
> **태국 사회에 한국 문화를 전하는 가교 역할**

가족과 함께 시작한 한식당. 그가 만든 불고기와 된장찌개, 식혜 한 잔은 현지의 입맛과 정서를 서서히 바꾸어갔습니다. 어느 날, 태국 공주가 식당을 찾았고 그가 손수 만든 음식을 제공한 일화는 음식이 단순한 끼니를 넘어 문화와 정성의 매개체가 될 수 있음을 보여줍니다. 그녀는 메뉴 하나를 바꾸기 위해 밤마다 하늘을 건넜습니다. 비행기에서 눈을 붙이고, 새벽 인천에 도착하면 곧장 한식당을 돌며 맛을 보고, 수첩을 꺼내 조리법을 받아 적었습니다. 교육을 받고, 식재료를 살피고, 그날 저녁엔 다시 방콕행 비행기에 올랐습니다. 그건 특별한 이벤트가 아니라, 그녀에겐 살아 있는 루틴이었습니다.

> **루틴의 집념 → 현지화의 힘**
> **한국과 태국을 오가며 쌓은 반복된 노력의 메뉴 전략화**

그녀의 경영은 주방 안보다, 주방 밖에서 더 빛났습니다. 한국에서 직장 생활을 하며 익힌 인력관리의 원칙을 그대로 식당에 가져왔고, 한 명이 빠진 날의 무게를 남은 이들이 나누는 방식으로 공정과 책임, 그리고 팀워크의 문화를 차곡차곡 쌓아 올렸습니다.

외식업이라고 다르지 않았습니다. 사람이 중심에 있어야 식당도, 브랜드도 오래 버틸 수 있다는 것을 그녀는 누구보다 잘 알고 있었습니다.

"누군가 빠지면, 남은 이가 고생하죠. 그날 절감된 인건비는 함께 나눕니다."

> **사람 중심 운영 → 낮은 이직률**
> 인건비와 책임을 함께 나누는 철학은 팀워크를 키우고,
> 오랫동안 함께 가는 힘

윤 사장 말에는 따뜻한 배려와 계산된 운영 철학이 함께 녹아 있었습니다. 이직률은 낮고, 근속 연수는 길었습니다. 지금도 그는 방콕 한국문화원에서 한식 조리 강사로 활동하며 현지인에게 한국의 맛과 문화를 전하고 있습니다.

그의 식당은 단순한 외식 공간이 아니라, 살아 있는 한국의 조리교실이자 문화체험의 장으로 자리 잡고 있습니다.

> **외식업 → 문화 플랫폼**
>
> 식당은 단순한 외식 공간이 아니라 조리교실이자
> 문화체험의 장으로 확장

이 장은 단지 세 개 식당의 이야기가 아닙니다. 그 안에 깃든 진심과 전략, 끈질긴 실행과 마음의 이야기입니다.

'가보래', '명가', '동이'.

이 세 이름은 단순한 브랜드가 아니라 태국에 뿌리내린 한국의 온기입니다.

> **문화적 가치**
>
> 음식이 단순한 식사가 아니라, 한국과 태국을 잇는 다리

> **끈질긴 실행력**
>
> 반복되는 이동, 현장 학습, 끊임없는 개선을 통해 가능해진
> 현지 한식 브랜드의 힘

> **사람 중심**
>
> 공정한 운영, 낮은 이직률, 근속연수로 이어진 신뢰와 지속성

1. 한국의 맛, 현지에 뿌리내리다

윤 사장은 "될 거야"라는 직감 하나로 수쿰빗에 '가보래'를 열었습니다. 당시만 해도 한식에 대한 수요도, 인식도 없던 시절. 김치찌개, 불고기, 파전, 구이 등 정통 한식을 자신 있게 내놓았습니다.

초기 고객은 교민 중심이었지만 점차 외국인 비중이 90%에 이르며 '외국인 90%, 한식 100%'라는 독특한 구조가 자리 잡았습니다.

> **교민 중심 → 현지 확산**
>
> 고객 구조가 교민에서 외국인 90%로 전환되며
>
> 한식의 보편성을 증명

광고 대신 입지를 활용하고, 다른 식당과는 '맛과 정성'으로 차별화했습니다.

> **광고 대신 → 입지와 맛**
>
> **홍보비보다 '자리와 정성'을 택한 전략적 입소문 마케팅**

"맛은 기본이고, 정성은 선택이 아니에요."

그는 재료를 직접 확인하고, 식혜와 반찬도 손수 만들었습니다.

> **맛은 기본 → 정성은 필수**
>
> **재료 확인, 식혜와 반찬까지**
>
> **직접 손으로 만든 진심이 진정한 경쟁력**

고객은 단지 음식을 먹는 것이 아니라 한국의 삶과 마음을 함께 경험했습니다. 한식의 보편성, 교민+현지 고객 공략, 입지 활용, 그리고 정성과 맛. 이 네 가지는 윤대숙표 한식 경영의 뼈대였습니다. 그는 말합니다.

"한식을 알리고 싶었지만, 그보다 더 알리고 싶었던 건 바로 한국의 '마음'이었어요."

2. 명가, 현지화와 품격의 균형

가보래가 뿌리였다면, 명가는 그 뿌리에서 자란 가지였습니다.

2007년, 같은 수쿰빗 프라자 내에 정중하고 우아한 콘셉트의 '명가'를 열었습니다. 명가는 손맛은 같되 경험은 달랐습니다. 현지 외국인을 위한 대중 한식 '가보래'와 달리, 명가는 교민과 태국 상류층을 위한 정갈한 가정식과 고급식 구성을 지향했습니다.

> **대중 → 품격**
>
> **'가보래'가 뿌리였다면, '명가'는 격을 더한 가지.**
>
> **교민과 현지 상류층을 겨냥한 한식의 품격**

단순히 음식을 제공하는 것을 넘어 '한 상 차림'에 담긴 문화와 정서를 전하고자 했습니다. 식기와 연출, 국물의농도, 양념비율까지 세심하게 조정했습니다.

그 과정에는 한 사람의 손길이 깊게 배어 있었습니다. 푸드앤코리아의 (고)김수진 원장님. 대한민국 최초의 음식감독. 〈식객〉, 〈발효가족〉, 〈왕의 남자〉, 〈나는왕이로소이다〉…

숱한 작품속에서 그는 늘 음식의 진짜 얼굴을 만들어내던 분이었습니다. 맛이 아닌, 표정과 태도, 온도를 연출하던 사람.

> **맛을 넘어 → 태도까지**
>
> **김수진 원장과의 협업은 단순한 레시피가 아닌**
>
> **태도의 훈련. 국물의 농도부터 밥그릇 높이까지**

윤대숙 사장은 그와 함께 국물의 농도와 반상의 리듬, 공깃밥의 온도와 그릇의 높낮이까지 하나씩 다시 짚어갔습니다. 그 협업은 메뉴 개선이 아니라, 한 상을 다시 존중하는 방식의 훈련이었습니다.

그녀는 말합니다.

"김 원장님의 조언은 맛이 아니라, 태도에 대한 가르침이었어요."

새벽 비행기로 한국을 오가며 실습과 현장 개선을 병행했고, 이 모든 실행의 중심에는 '고객 경험'이 있었습니다. 운영 방식도 투명했습니다. 결근한 직원의 인건비를 나머지 직원에게 공정히 분배하며 신뢰를 기반으로 한 조직문화를 만들어냈습니다.

"한식은 누군가에겐 그리움이고, 누군가에겐 새로운 설렘이죠. 저는 그 둘을 잇는 다리가 되고 싶었습니다."

> **그리움 → 설렘**
>
> **교민에게는 그리움, 현지인에겐 설렘**

2012년, 세 번째 매장 '동이'를 열었습니다.

3. 점포 운영의 비결

"하나의 식당은 내가 직접 움직이면 됩니다. 하지만 세 개가 되면, 시스템이 나를 대신해야 하죠."

여러 개의 점포 경영은 단순한 확장이 아니라, 철학과 노하우의 구조화였습니다.

> **낯섦 → 익숙함**
>
> **된장찌개, 불고기, 식혜 한 잔. 낯선 땅에서 익숙한 기억의 밥상**

세 매장은 각기 다른 콘셉트를 지녔지만, 공통된 태도와 정성 위에 세워졌습니다.

가보래

한식은 낯설었고, 현지는 익숙함을 원했습니다. 그녀는 낯선 땅에 익숙한 하루를 짓기로 했습니다. 된장찌개, 불고기, 식혜 한 잔. 그건 메뉴가 아니라, 그녀가 지키고 싶었던 기억의 밥상이었습니다.

명가

이번엔 맛 너머의 무게를 생각했습니다. 밥이 따뜻해야 하는 이유, 접시 간격의 조율. 정찬은 격식이 아닌, 사람에 대한 예의였습니다. 명가는 밥상을 '한 상'이라 부를 수 있는 모든 정성과 품격의 총합이었습니다.

> **맛 → 품격**
>
> **밥의 온도, 접시 간격, 한 상 차림. 정찬은 격식이 아니라 사람에 대한 예의**

동이

젊은 세대를 위한 식탁, 그들은 빠르게 먹고, 가볍게 웃었습니다. 그녀는 그 리듬에 한식의 호흡을 맞춰보려 했습니다. 한 끼가 머무는 짧은 순간 안에도 철학은 놓여 있어야 한다는 걸 다시 한번 확인했습니다. 동이는 가벼워 보였지만 결코 가볍지 않은 식당이었습니다.

> **가벼움 → 철학**
>
> 빠른 리듬 속에서도 철학은 놓치지 않았다. 동이는 젊음 속에 담긴 무게

모든 매장은 현지인 직원 중심으로 운영되었고, 장기 근속률이 높았습니다. 결근 시, 인건비 분배, 명절 선물 전달, 정기적인 교육과 점검을 통해 신뢰와 책임감을 키웠습니다.

그녀는 말합니다.

"식당은 내가 잠시 떠나도 돌아가야 해요. 그게 사업이고, 그게 지속 가능성이죠."

4. 한식 글로벌화 프런트라인

그녀는 외식업 경영자이자 한식 문화의 전도사였습니다. 식당은 전통 소품, 김치 담그기, 한복 서비스 등을 통해 문화 체험장으로 발전했습니다. 윤 사장은 지금도 방콕 한국문화원에서 현지인과 외식업 종사자를 대상으로 조리 교육을 이어가고 있습니다.

운영 → 문화

한식당은 식사를 파는 곳이 아니라, 한국 문화를 전하는 체험 공간

그녀의 전략은 단순한 '운영'이 아닌, 학습과 실행, 그리고 문화적 브랜딩의 반복이었습니다.

"누구에게 이 음식을 내고 있는가?"

"이 한 끼에 어떤 이야기가 담겨 있는가?"

"내가 없어도 이 식당은 계속될 수 있는가?"

이 세 가지 질문은, 윤대숙 사장이 매일 아침 주방 불을 켜기 전, 스스로에게 던졌던 말입니다.

그녀는 한식을 팔지 않았습니다. 그녀는 마음을 나누고 싶었습니다. 그것이 된장찌개든, 식혜 한 잔이든. 한 끼가 식사가 아니라, 한 사람의 기억이 되기를 바랐고 식당이 공간이 아니라, 누군가의 하루에 머무는 온기가 되기를 바랐습니다.

맛 → 기억

된장찌개 한 끼, 식혜 한 잔. 음식은 사라져도 사람의 기억 속에 남았다. 이것이 지속의 힘

그리고 그녀는 알았습니다. 좋은 식당은 맛있는 식당이 아니라, 사라져도 남는 식당이라고.

《Shift 마인드셋: 당신을 성공으로 이끄는 행동전략》이 이야기는, 그렇게 남겨진 것들에 대한 기록입니다. 그녀는 말합니다.

"나는 성공했다기보다, 한식을 지켜냈다고 생각해요. 현지에 맞추되, 본질은 잃지 않는 것. 그게 진짜 글로벌화입니다."

> **성공 → 지킴**
>
> **현지화는 전략이었지만, 본질을 지키는 것이야말로 진짜 글로벌화**

5. 다음 세대를 위한 한식 브랜드 전략

윤 사장의 28년은 단순한 매장 확장의 이야기가 아닙니다. 그녀는 한식이라는 정체성을 현지에서 살아 숨쉬게 하기 위해 끊임없이 질문하고, 실행하고, 배우고, 나누었습니다.

윤대숙 사장의 점포 운영은 매장을 늘리는 일이 아니었습니다. 그녀는 자신만의 방식을 만들고 그 안에 마음을 담았습니다.

브랜드마다 표정은 달랐지만, 근간은 같았습니다. 정통과 실험, 품격과 회전율.

그 모든 전략은 다섯 개의 기둥 위에 놓여 있었습니다. 브랜드 차별화. 고객층의 다변화. 직원의 장기 고용. 문화적 스토리텔링 그리고 본질을 유지한 현지화.

> **차별화 → 다변화**
>
> **정통과 실험, 품격과 회전율. 브랜드는 다섯 기둥 위의 균형**

그녀는 말합니다.

"내 젊음과 체력을 다 쏟아부었어요. 이제는 다음 세대가 그 위에 자기만의 방식으로 이어가면 좋겠어요."

> **세대 → 계승**
>
> **윤 사장의 땀과 정성은 정답이 아니라 토대.**
>
> **이제는 다음 세대가 그 위를 이어갈 차례**

그녀의 식당은 정답이 아니었습니다. 매뉴얼도, 이론도 없었습니다. 다만, 지속 가능한 외식 브랜드란 무엇인가, 그 질문에 대한 살아 있는 실험실이었습니다. 그녀는 오늘도 재료를 점검하고, 새 메뉴를 고민하며, 현장에서 교육을 이어가고 있습니다. 그리고 지금 이 순간, 누군가는 그녀의 식혜 한 잔에서 '정성'이라는 한국의 맛을 만나고 있을 겁니다.

윤대숙 한식당(방콕)의 시프트 정의

단순 '한식 판매'에서 벗어나, "현지에 스며드는 문화 공간"으로 방향을 바꾸며 생존과 성장을 모색했습니다.

핵심 시프트 순간

- 한국식 그대로 → 현지화(Localization)

초기: 불고기·된장찌개 등 본토식 조리법 그대로 운영

→ 현지 고객에게 낯설고 가격 부담이 있었음.

→ 시프트: 현지 입맛에 맞춘 양념·메뉴 구성(예: 단맛 강화, 매운맛 조절)

→ 결과: 로컬 고객층 확대

- 음식 제공 → 문화 경험 공간

단순 식당 운영에서, 한국의 식문화와 분위기를 경험하도록 공간을 설계.

(예: 인테리어에 한식 전통 요소, 직원 서비스에 '정(情)' 강조)

→ 결과: 외교·문화 교류 공간으로 자리매김

- 개별 점포 → 브랜드 체계화

초창기 가족 중심 운영에서 → 가보래, 명가, 동이 등 브랜드 다각화

→ 결과: 사업 확장과 동시에 지속 가능한 운영 시스템 확보

요약: 윤대숙 한식당의 시프트는

본토식 한식 → 현지화 메뉴 → 문화 공간 → 한식당별 브랜드 차별화로 이어지며, 해외에서 한식이 살아남는 방식을 보여주었습니다.

해외 진출 6단계 사업화 프레임 및 외식기업 현황

※ 해외 진출 성공의 6대 요인 (연구 + 실무 교차 검증)

1. 시장선정
- 국가별 시장규모·소득·제도·문화거리·경쟁 강도·유사 업종 현황 등 종합 평가로 진출 우선순위 결정

2. 모델·파트너
- 마스터프랜차이즈·합작(JV) 등 시장 적합 모델
- 현지 파트너의 경험·자본·운영 인프라가 성패 좌우

3. 현지화
- 브랜드 핵심은 표준화, 메뉴·서비스·공간은 현지화
- 초기 제한적 현지화 → 성과 따라 점진 확대

4. 공급망
- 통관·규제 리스크 관리
- 대체 원재료 소싱과 인증 채널 확보

5. 수익모델

- 국가·포맷별 차등화된 로열티 구조
- 매출 연동 + 초기 투자 분담을 고려한 윈-윈 구조

6. 운영·학습

- 본사-가맹망 관리 거버넌스 구축
- 데이터 기반 메뉴·가격·마케팅 민첩성 확보

※ 해외 진출 외식기업의 '최신' 현황 (2024년 실태조사 기준)
- 규모: 해외 진출 기업 121개, 브랜드 144개, 점포 4,382개
- 국가별 분포: 미국(1,007) > 중국(720) > 베트남(623) > 태국(238) > 일본(161)
- 업종별: 한식 브랜드 93개, 비한식 51개로 비한식 비중 확대
- 국내 기반: 공정위 등록 외식 가맹본부 6,071개(2023년), 2020년 대비 48% 증가 → 해외 진출 모수 확대

[참고자료]

1. Peopletv (주태국 한국문화원, 명가 윤대숙 강사) (2025)
2. 윤대숙 인스타그램 게시물 (2025) → '명가' 제육볶음, 방콕 코리아타운 등
2. 관련 해시태그 활용 → 태국 한국문화원에서 사찰요리 및 전통 한식 강좌
2. 강사로 '명가' 윤대숙 사장이 소개됨
3. 네이버 블로그 (placebo780121) - 태국 방콕 한식당, 한인타운 수쿰빗 프3. 라자 장원식당 (2017)
4. 다음 카페 (thaistart) - 태국 방콕 코리아타운- 스쿰빗 플라자 안내/ 방콕
4. 한식당 안내 (2011)
5. 네이버 블로그 (easypiano88) - 2편) 태국 '방콕' 맛집 추천, BTS 아속역, 5. '한인상가(스쿰윗플라자)'에 ... (2023)
6. 뉴스케이 푸드 - 태국 방콕 전통한식당 명가, 가보래, 동이
7. 네이버 블로그 (terryajh) - [태국 방콕] 가볼만한 한식 맛집, 대장금 7. (2023)
8. 트리플 - 수쿰빗 플라자 코리안 타운
9. 낫티투어타이 - [방콕] 수쿰빗 코리아타운의 한식당 '락원'
10. 태사랑 - 방콕 수쿰빗 가보래 & 명가 (2011)
11. 타이스따뜨 - 방콕한식당(장원한식당, 수쿰빗플라자內, 코리아타운,11. 수쿰

빗아속인근 ...)

12. You are What you Eat (Foursquare 이용) - Silva et al. (2014) 12. → 푸드 및 음료 소비 패턴 분석을 통해 문화적 경계와 특성 파악

13. Flavor network and principles of food pairing - Ahn et al. 13. (2011) → 재료 조합과 문화별 요리 경향 비교 이론 분석

14. Modeling Food Popularity Dependencies using Social Media data - Khulbe & Pathak (2019) → SNS 데이터를 통한 음식 트렌드 분석, K-Food 확산 전략에 유용

15. Kissing Cuisines: Exploring Worldwide Culinary Habits on the Web - Sajadmanesh et al. (2016) → 글로벌 레시피 분석을 통한 지역별 취향 및 문화 간 차이 연구

16. The Impact of the Korean Wave on Korean Food Consumption of Thai Consumers - P. Thanabordeekij 외 (2022) → 한류가 태국 소비자의 한식 소비에 미친 영향 분석, 이론적 기반으로 Theory of Planned Behavior 활용

17. The Role of Thai and Korean Restaurant Names in Shaping Global Awareness - IJSCL (2022) → 한·태국 식당명이 글로벌 마케팅과 소프트파워 형성에 어떤 영향을 미치는지 분석한 연구

18. Korean Wave and Korean Food Franchise Expansion in Bangkok -

Chulalongkorn Univ. (2017) → 방콕 내 K-Food 프랜차이즈 확산과 젊은 세대 소비 패턴 분석

19. Thai Consumer Values Toward Korean Restaurants in Bangkok - Mahidol Univ. (2023) → 태국 소비자의 한식당 가치 인식, 선호 요인 분석

20. Culinary Diplomacy - Wikipedia (2025) → '가장 쉬운 방법은 위장을 통해 마음을 잡는 것'이라는 개념, 한식문화 전파와 외교적 기능 설명

21. The Impact of Hallyu on Korean Food Consumption: Role of TPB, (2024) → 말레이시아 사례 기반이지만, TPB 이론 적용 및 아시아권 한식 트렌드 분석에 참고

22. 농림수산식품부, 공정거래위원회, 논문, 학술지 참조

6장

20년간 10개의 편의점, 진화하는 경영

오래 남다

장기 경영 기반 구축
- 1호점 성공 경험을 토대로 확장
- 상권 분석과 입지 선정 노하우 축적
- 직원·파트타이머 관리 철학 확립

다점포 운영 역량 강화
- 점포별 차별화 전략 (상품·서비스)
- 효율적인 물류·발주 시스템 운영
- 인력 순환 배치·교육 시스템 구축

본사·직원과의 파트너십
- 가맹 본부의 데이터 시스템 적극 활용
- 매출 분석을 통한 맞춤 지원 요청
- 신상품· 프로모션 공동 기획 참여

지속 성장과 지역 밀착
- 지역 행사· 커뮤니티 연계 활동
- 고객과의 관계 유지 충성도 확보
- 안정적 수익 구조와 장기 운영 계획

SHIFT MINDSET

그 익숙함 속에 숨겨진 전략

24시간 불이 꺼지지 않는 그곳. 단순히 물건을 사고파는 공간을 넘어 급할 땐 "다행이다" 싶은 작은 오아시스— 그게 바로 편의점입니다.

"근처에 편의점 있어?"

"응, 저 골목만 돌면~"

익숙하죠? 너무 익숙해서 가끔은 무심히 지나치기도 하니까요. 하지만 그 친숙한 간판 뒤에는 우리가 미처 몰랐던 수많은 전략과 선택, 그리고 누군가의 고민이 숨어 있습니다.

> **익숙함 → 전략**
> **친근한 간판 뒤에는, 보이지 않는 선택과 고민**

오늘 만나볼 이야기도 그렇습니다. 토종 브랜드 GS25의 간판 아래 하나, 둘… 어느덧 10개 점포를 경영하게 된 김애란 경영주의 사업 여정입니다. 한 명의 경영주가 두세 곳, 많게는 열 곳까지 운영하며 물리적으로 가까운 점포들을 효율적으로 관리한다는 것.

"이게 바로 다점포 모델의 핵심이에요."

1점포 → 다점포
한 명의 경영주가 열 곳까지 맡을 수 있는 힘, 그게 바로 시스템 경영

특히 가족이 함께하면 시너지가 생깁니다.

'남편은 본점, 나는 신점. 애들은 방학 때 아르바이트'

이런 구조, 상상해보셨나요?

"20년간 GS25에서 일했어요. 이젠 직원이 아니라 동반자죠."

이 말, 그냥 넘기기 어렵습니다.

"사실은요, 직원이 성장해야 경영주도 크고, 경영주가 성장해야 본부도 함께 커갑니다."

헬렌 켈러는 말했습니다.

"혼자서는 할 수 있는 일이 적지만, 함께하면 할 수 있는 일은 무궁무진하다."

Alone we can do so little; together we can do so much. 헬렌 켈러(Helen Adams Keller). 미국 작가·사회운동가

그래서 중요한 게 뭘까요? '직원을 점장으로, 점장을 경영주로' 키워내는 구조. 이게 진짜 선순환, 그리고 브랜드가 오래갈 수 있는 이유 아닐까요?

직원 → 파트너
직원이 성장해야 경영주가 크고, 경영주가 커야 본부도 함께 성장 가능

저 역시 이 산업을 처음 접한 건 1991년. 그땐 LG25? 편의점이라는 이름조차 낯설었죠. 기획, 자금, 물류, 운영, 시스템 전반을 두루 거치며 편의점이라는 사업의 무게를 처음 느꼈습니다. 그리고 그 안에서, 이 사업이 가진 가능성과 복잡성을 누구보다 가까이에서 체감하게 됐죠. 그래서 지금, 다점포 모델을 바라보는 제 시선은 조금 더 입체적일 수밖에 없습니다.

예전엔 1인이 1점포 운영이 일반적이었다면, 이제는 시스템 기반 통합 경영이 대세입니다. 규모의 경제, 효율성, 자동화… 그런 흐름이 점점 뚜렷해지고 있어요.

그렇다면 궁금해지지 않으세요? 왜 어떤 경영주들은 더 많은 점포를 맡고도 안정적으로 성장할 수 있을까요?

그 중심엔 늘 '사람'이 있습니다. 그리고 '가족'이라는 신뢰의 울타리가 있을 때, 특별한 힘이 생깁니다.

가족 → 시너지
남편·아내·자녀가 얽힌 구조는 신뢰의 울타리

"그들은 단순한 직원이 아니에요. 함께 위기를 견뎌내고, 전략을 공유한 파트너. 저에겐 또 하나의 가족입니다."

"유혹이요? 많죠. 경쟁 브랜드 제안도 계속 와요. 하지만 본부가 절 성장시켜주고, 신뢰를 지켜줬는데 굳이 간판을 바꿀 이유가 있을까요? 저는 이 브랜드와 끝까지 함께하고 싶어요."

2005년부터 무려 20년. GS25 10개 점포를 경영해온 김애란 경영주. 그녀의 이야기 속에는 단순한 점포 운영이 아닌, 현대 프랜차이즈 가맹점의 진화와 지속성장 전략의 실마리가 담겨 있습니다.

GS25와 CU. 두 브랜드는 35년 동안 점포 수와 매출액을 두고 치열한 경쟁을 이어왔습니다. 하지만 지금, 편의점 산업은 포화된 상권과 성숙기 시장을 맞이하고 있습니다. 이제는 확장보다 구조, 매출보다 지속 가능성이 중요한 시대. '다점포 전략'은 더 이상 숫자의 문제가 아닙니다.

> **확장 → 지속성**
>
> 포화된 상권 속에서 중요한 건 매출의 크기가 아니라
>
> 지속성장이 가능한 운영의 구조

은퇴자 중심의 창업 모델이던 과거를 지나, 이젠 체계적 운영 역량을 가진 청년·중년 경영주 발굴과 육성이 브랜드의 미래를 결정짓는 중요한 과제가 되고 있습니다.

자, 이제부터 우리는 한 경영주의 여정을 통해 프랜차이즈의 내일을 들여다보게 될 겁니다.

> **현재 → 미래**
>
> 다점포 전략은 숫자가 아니라 사람, 그리고 다음 세대를 키우는 힘

그리고 그 끝에는, 여전히 '사람'이라는 해답이 남아 있을지도 모르죠.

> **사람**
>
> 편의점 경영의 중심에는 언제나 '사람'이 있다.
>
> 경영주, 직원, 가족, 고객 모두가 연결되는 힘
>
> → 가맹 경영주와 가족, 직원 이야기

시스템

한 명이 움직이는 것을 넘어, 여러 점포를 지탱하는 운영 체계.

지속 가능성을 만든 보이지 않는 구조

→ 다점포 관리와 본부 지원

지속성장

단순한 확장이 아닌, 오래 남는 브랜드를 가능하게 하는 핵심 키워드

→ 포화 시장 속 새로운 과제

1. 다점포 운영의 새로운 지평

편의점 산업에서 '다점포 운영', 이제는 낯설지 않죠. 한 명의 경영주가 두세 곳, 많게는 열 곳 이상의 매장을 운영하는 모습— 이젠 제법 흔해졌습니다.

2009년까지만 해도 전국 다점포 수는 500여 개 남짓이었지만, 불과 5년 만에 4배 이상 급증했어요.

다점포 확산은 전략적 선택

점포 수 증가는 단순한 유행이 아니라,

추가 수익 확보를 위한 경영주의 전략적 선택

단순한 유행이 아닌, 경영주들의 전략적 선택이 만든 흐름입니다.

"다점포는 효율성과 수익성 모두를 높일 수 있는 구조예요. 단일 점포에 집중하던 방식으론 경쟁에서 살아남기 어렵습니다."

이런 흐름은 해외도 마찬가지였습니다. Baskin-Robbins는 가맹 경영주 다점포 운영 전략을 통해 브랜드 확장과 수익 극대화를 동시에 잡았고, Seven-Eleven Japan은 정교한 POS 시스템으로 자동 발주, 실시간 재고·근무자 관리까지, 일관된 다점포 운영의 기반을 마련했습니다. 글로벌 브랜드들은 전략과 시스템으로 다점포 모델을 정착시켜온 셈입니다.

GS25 역시 POS 시스템, 자동 발주, 재고관리 등을 통해 다점포 운영이 편리할 수 있게 만들었습니다. 또한 가족 경영은 안정성과 유연성을 함께 가져다줍니다.

이렇게 나뉘어 각자 역할을 하다 보면, 운영 안정성은 물론 신뢰 기반의 유연한 경영이 가능해지죠.

"가족끼리 운영하면 말이 통하니까 빠르게 대응이 가능해요."

"운영 노하우가 자연스럽게 공유돼요."

야간 근무, 주말 인력 문제까지 가족이 함께하면 어느 정도 해소가 되죠. 다점포 초기엔 꽤 큰 강점이 될 수도 있습니다.

하지만 가족 경영이 늘 해답은 아닙니다.

"과도한 업무 집중과 번아웃 위험이 존재하죠."

반복되는 무리한 근무는 신체적 피로는 물론, 심리적 소진과 가족 간 갈등으로 이어질 수 있습니다. 매장이 늘어날수록 마케팅, 인사, 발주 등 전문 인력이 필요합니다. 가족 중심 체계가 고착되면 외부 인재 유입이 어려워지는 문제도 생기죠.

가족 경영의 안정과 한계

유대감은 빠른 대응과 신뢰를 만들지만,

번아웃과 전문성 부족의 위험도 동반

결국 가족 경영은 좋은 출발점일 뿐, 시스템화와 전문화가 함께 가야 지속 가능한 다점포 전략이 됩니다.

GS25 같은 프랜차이즈 본부는 가족의 유대감을 기반으로 하되, 통합된 시스템, 외부 인재, 전문 교육 인프라를 병행해 사람이 성장할 수 있는 토양을 함께 갖춰야 합니다.

> **시스템화는 지속 가능성**
>
> 가족 중심 운영을 넘어, 전문 인력과 본부 시스템이 함께할 때 다점포 모델은 비로소 장기적으로 생존 가능

"가족만 믿고 다점포로 가긴 어렵죠. 결국 시스템이 있어야 합니다. 경영은 감이 아니라, 구조예요. 그리고 그 구조는, 사람을 키우는 틀이어야 하죠."

2. 가맹 경영주의 진화 '전략적 주체로의 전환'

한때, 편의점 가맹 경영주는 본사의 매뉴얼을 따르는 '운영자'로 불렸습니다. 하지만 지금, 특히 다점포를 운영하는 경영주들은 단순 관리자에서 시장을 설계하는 '경영자'로 진화하고 있습니다.

"이제는 시스템을 따르는 사람이 아니라, 만드는 사람입니다."

> **운영자에서 경영자로**
>
> 매뉴얼을 따르던 경영주는 데이터를 읽고 전략을 만드는 주체

그들은 본사의 툴에만 의존하지 않습니다. 매출, 재고, 고객 데이터를 실시간 분석하고, 상권별 상품 구성과 발주 전략을 '감'이 아닌 '수치'로 설계합니다.

점포가 늘수록 경험은 매뉴얼로 정리되고, 고객 동선 분석, 피크 타임 인력 배치, 프로모션 효과 측정 같은 전술은 문서화되어 확산됩니다.

이제 본사의 시스템은 지침이 아니라 플랫폼입니다. 경영주는 신상품과 프로모션을 자신의 점포 상황에 맞게 재조합하며, 필요하면 본부에 개선도 제안합니다.

채용과 교육, 스케줄링, 피드백까지— 사람을 다루는 역량이 곧 경영력입니다.

잠깐, 이런 흐름… 처음은 아닙니다. 한때, 스마트폰 유통점이 대표적인 다점포 성공 모델이었죠. 수천만 원 순익을 올리던 '휴대폰 성지'의 시절이 있었습니다.

하지만 지금 편의점 시장은 다릅니다. GS25의 다점포 운영 비율은 2019년 28.9%에서 2023년 22.3%로 감소했습니다.

왜일까요? 인건비 상승, 과밀 출점, 상권 경쟁의 격화 때문입니다. 더 이상 단순한 확장으론 살아남을 수 없습니다.

> **확장 리스크**
>
> 점포 수가 늘어도, 인건비와 경쟁이 맞물리면 기회보다 부담 증가

 게다가 중소 브랜드는 줄고 상위 브랜드만 살아남는 양극화도 뚜렷해지고 있습니다. 다점포는 더 이상 누구나 도전할 수 있는 공식이 아닙니다. 분석과 준비, 체계적인 지원 없이는 기회보다 부담이 될 수 있습니다.

> **본부는 동반자**
>
> 다점포 시대의 해법은 단순 출점이 아니라,
>
> 경영주 전략을 함께 설계하는 지원

 이제 필요한 것은, 점포 수를 늘리는 본부가 아니라 경영주의 전략을 함께 설계하고, 실현을 돕는 동반자입니다.

3. 상품, 인력, 수익률의 최적화

다점포 경영의 핵심은 매장 숫자가 아닙니다. '얼마나 많이'보다 '어떻게 운영하느냐'가 결국 수익을 결정하죠.

김애란 경영주가 열 개의 점포를 일군 시간은, 그 전략을 하나씩 증명해온 과정이었습니다. 상품 구성, 인력 운용, 비용 구조. 그녀는 모든 요소를 조율하며 최소의 비용으로 최대의 효과를 만들어왔습니다. 재고는 숫자가 아니라 흐름입니다. 오전에 본점에서 남는 유제품을 확인한 그녀는 신점 점장에게 전화를 겁니다.

> **재고는 흐름이다**
>
> 점포별 남는 상품을 이동·조율하며,
>
> 전체를 하나의 유기체처럼 다루는 것이 다점포의 시너지

"B점에 이거 부족하죠? 지금 옮겨드릴게요."

점포를 따로 보지 않고 전체를 하나의 유기체처럼 다루는 감각— 이건 단일 점포에선 불가능한 시너지입니다. 오피스가 밀집된 매장엔 간편식과 커피, 주택가에선 생필품과 신선식품을 중심으로, 진열 방식 하나까지 고객의 얼굴에 맞춰 달라집니다.

> **상품은 상권에 맞춘다**
>
> **오피스 밀집지역엔 간편식·커피, 주택가엔 생필품·신선식품**
>
> **— 고객의 얼굴에 맞춘 진열이 곧 매출 전략**

사람 운영은 더 섬세합니다. 누군가 결근하면 가까운 매장에서 인력을 순환시키고, 점심시간 피크엔 두 매장 인원을 유동적으로 조정합니다.

"일은 사람이 해요. 사람을 어디에, 언제, 얼마나 배치할지가 핵심이에요."

모든 직원에게 동일한 교육을 실시합니다.

"점포마다 서비스가 다르면 고객은 혼란스러워요."

> **사람은 적재적소에 배치한다**
>
> **인력 순환과 피크타임 조정,**
>
> **통일된 교육으로 '사람 운영'이 곧 경쟁력**

운영비도 통합 관리합니다. 소모품 구매부터 관리까지 열 곳을 하나처럼 관리하며 비용을 줄입니다. SNS 계정을 묶고 연계 이벤트를 함께 기획하는 것도 그녀만의 방식입니다.

"서로 다른 가게 같아도, 브랜드는 하나예요. 고객은 통일된 경험을 기억하니까요."

그녀의 운영 철학은 실행으로 증명되었습니다. 재고는 흐르게 하고, 상품은 상권에 맞게, 사람은 적소에 배치하고, 비용은 전체로 묶어 관리하는 방식. 운영은 감각이지만, 그 감각은 데이터를 만나 전략이 되고, 그 전략은 하루하루, 사람의 손끝에서 완성됩니다.

> **비용은 전체로 묶는다**
>
> 발주, 소모품, SNS까지 통합 관리하면 개별 매장이 아닌
> '하나의 브랜드 경험'을 고객에게 전달 가능

김애란 경영주의 방식은 성실했고, 전략적이었으며 무엇보다 사람 중심의 경영이었습니다.

4. 지속 가능한 성장 전략 – 다점포 경영의 '질적 전환'

김애란 경영주는 단순히 본사의 지침을 따르는 운영자가 아닙니다. 그녀는 열 개의 점포를 운영하며 전략을 자기만의 방식으로 해석합니다.

"그냥 하라는 대로만 하진 않아요."

오피스 상권 매장엔 점심시간 음료 프로모션, 학원가 매장엔 하교 시간대 간식 진열.

> **실험은 전략이 된다**
>
> 점포별 맞춤 실험(오피스·학원가·역세권)이 반복되며,
>
> 경험이 곧 매뉴얼로 축적

같은 행사라도 그녀는 같은 방식으로 가지 않습니다. 고객의 반응은 그녀가 매일 듣는 데이터이자 전략의 힌트죠.

"이번 음료는 여긴 아니에요. 컵라면 쪽이 훨씬 반응이 좋아요."

그녀는 피드백을 본사에 전달합니다. 그 순간, 경영주는 단순한 수신자가 아닌 전략의 발신자가 됩니다.

혁신은 현장에서 시작됩니다. 누가 고객을 가장 잘 아느냐는 질문엔 늘 같은 대답이죠—바로 경영주.

시험 기간의 학원가 매장에선 밥보다 간식, 주거 상권에서는 신선 상품들을 확대 운영합니다.

야간엔 가족이 돌아가며 근무해 인건비를 줄이고 돌발 상황에도 빠르게 대응합니다.

"새벽 2시에도 가족이라면 바로 대응할 수 있어요."

이러한 작은 실험들이 본사의 방침과 매뉴얼로 정착되기도 합니다.

> **피드백은 구조 개선에 기인한다**
> 경영주의 현장 제안이 본부의 방침·매뉴얼로 전환되며,
> 혁신은 아래에서 위로

다점포 모델은 위기에도 강합니다. 한 점포가 흔들리면, 다른 점포가 버팀목이 되어줍니다. 전략은 경험으로부터 정교해지고, 결속력은 위기 속에서 더욱 단단해집니다.

> **위기엔 분산이 힘이다**
> 한 점포의 부진은 다른 점포가 흡수하고,
> 다점포 구조가 위기 속에서도 브랜드를 지탱

"운영은 그냥 감으로 하는 게 아니에요. 감각이 쌓이면 체계가 되고, 구조가 있어야 오래 가요."

그녀의 말에 저는 고개를 끄덕였습니다. 브랜드가 살아남기 위해 필요한 건 점포 수가 아니라, 그 숫자를 움직이는 '사람'이라는 걸 다시금 깨달았으니까요.

> **사람이 구조다**
>
> 감각이 쌓여 체계가 되고,
>
> 체계는 결국 '사람'에 의해 실행되며 장기적 성장 요인

5. 지속 가능한 다점포 전략의 미래

"내가 한 명인데, 왜 두 명처럼 로그인해야 하죠?"

다점포 운영은 이제 프랜차이즈 성장 전략의 핵심이 되었습니다.

한때 시스템은 점포 단위에 머물렀죠.

2005년, 김애란 경영주는 처음으로 GS25 점포를 열었습니다. 낮엔 매장에서 계산하고, 밤엔 발주와 청소를 도맡던 시절.

하지만 시간이 흘러 김애란 경영주는 20년간 열 개의 점포를 키워냈습니다.

> **시스템은 무기다**
>
> 단일 ID·통합 관리 시스템이 경영주의 효율을 높이며,
>
> 다점포 경영의 지속 가능

아침이면 거점 매장에 출근해 GS25 통합아이디에 로그인하고, 실시간 재고를 읽고, 점포 간 이동을 조율합니다.

일반 직장인이라면 '장기 근속상'을 받을 만큼 긴 시간입니다.

"이 시스템 없었으면, 진작 포기했을 거예요."

그녀에게 시스템은 전략을 실행하는 무기이자 현장을 연결하는 감각입니다. 주말이면 커피 한 잔 들고 매장을 돌며 직원들과 눈을 맞춥니다.

"현장은 말이 없지만, 답은 다 있어요."

이제 시스템의 중심은 점포가 아니라 '경영주'가 되어야 합니다.

일본 로손은 2023년 다점포 경영주를 위한 통합 앱을 도입했습니다. 단일 ID로 모든 매장을 통합 관리 그 결과, 다점포 운영자 비율은 7%에서 13%로 증가했죠.

> **점주? 경영주다**
>
> 현장을 가장 잘 아는 경영주가 '운영자'에서 '전략 설계자'로 변하며, 브랜드 혁신의 주체

"기술이 전략을 가능하게 하기도 합니다."

경영주는 더 이상 셀프 알바가 아니라, 비즈니스를 설계하는 경영자입니다.

김애란 경영주는 말합니다.

"열 번째 점포를 열었습니다. 달라진 건 점포 수가 아니라, 제 정체성이에요. 저는 이제 알바 사장님이 아니라, 편의점 경영자입니다."

그리고 누군가는 말합니다.

"오래 일했다고 다 사장감은 아니지 않나요?"

현장은 자격이다
경험과 이해를 가진 경영주야말로 브랜드의 미래를 책임질 진짜 경영자

하지만 저는 되묻고 싶습니다.

"브랜드를 가장 잘 이해하고, 현장을 가장 가까이에서 경험한 사람들이 경영자가 되지 못한다면, 도대체 누구를 사업가로 키워야 합니까?"

이제 다점포 전략은 선택이 아닌 프랜차이즈의 생존과 지속 가능성을 가르는 '구조'입니다.

> **사람이 구조다**
>
> 다점포 전략은 숫자가 아니라 사람을 키우는 구조이며,
>
> 본부의 미래 전략은 우수한 경영주 발굴·육성

그리고, 그 구조 안에 들어갈 사람을 키우는 일— 그게 바로 프랜차이즈 본부의 다음 전략이어야 합니다.

6. 퇴사 후, 다시 시작된 경영의 이름으로

책 퇴고를 앞둔 9월 어느 밤이었습니다. 역삼동의 익숙한 골목. 오래전, 우리 모두가 하루하루를 뜨겁게 살아냈던 곳. GS리테일에서 함께 땀 흘렸던 후배 넷과 고기 한 점, 술 한 잔을 나누었습니다.

이제는 모두 그 회사를 떠났지만, 어쩐지 그들의 말끝에는 예전보다 더 큰 애정이 묻어나고 있었습니다. 진짜로 그 브랜드를 품은 사람처럼—

이제는 모두 그곳을 떠난 사람들. 누군가는 GS25 가맹 경영주로, 누군가는 컨설턴트로, 누군가는 헤드헌팅사 대표로 각자의 방식으로 살아가고 있었습니다.

> **브랜드화된 큰 애정**
>
> **본사를 떠나도, 구조와 원리를 이해한 사람은 어디서든 경영자**

오랜만에 나눈 대화는 자연스레 우리를 다시 그 '현장'으로 데려갔습니다.

"똘똘한 점포 세 개. 그게 일반 경영주의 최적 규모죠."

"우리 실적이 괜히 좋은 게 아니에요. 입지는 매의 눈으로, 매출은 손끝으로 익힌 감각 덕분이죠."

그들은 조직을 떠났지만, 여전히 '사회'라는 경제의 구조 안에서 움직이고 있었습니다.

하지만 이제는 더 이상 울타리도, 본사의 이름도 없습니다. 오직 자기 이름 하나로 모든 선택의 결과를 감당해야 하는 세계.

> **울타리 없는 책임**
>
> **이름 하나로 선택과 결과를 감당하는 순간, 진짜 경영의 무게 시작**

그들의 눈빛은 예전보다 깊어져 있었습니다. 누구보다 구조를 잘 알기에, 이제는 그 구조 없이도 스스로 판단하고, 책임지는 진짜 '경영자'가 되어 있었습니다.

현장은 눈빛에 남는다

현장을 오래 겪은 경험은 자리와 직함을 넘어, 스스로 판단하는 힘

GS25 김애란 경영주의 시프트 정의

편의점 산업의 성숙기에서, "단일 점포 운영자"에서 "다점포를 경영하는 사업가"로 전환하며 생존과 성장을 이어간 전략적 변화입니다.

핵심 시프트 순간

- 1점포 운영 → 다점포 확장

초기: 생활비 보탬을 위해 시작한 1개 점포 운영

→ 시프트: 점포 운영 경험을 기반으로 10개 점포까지 확장

→ 결과: 규모의 경제와 운영 효율 확보

- 일상적 관리 → 시스템 경영

단순 발주·진열 관리에서 벗어나,

→ POS 데이터 분석, 근거리 점포 간 물류·인력 공유 등 체계적 관리 시스템 구축

→ 결과: 인력난·재고부담을 줄이고, 안정적 운영 기반 마련

- 점포 운영자 → 지역 생활 플랫폼

편의점을 단순 소매점이 아니라 주민 생활 서비스 공간으로 확장

(택배, 공과금 납부, 간단 식사, 금융서비스 등)

→ 결과: 고객 충성도 강화 및 지역 기반 확립

요약: 김애란 점주의 시프트는

단일 점포 → 다점포 경영 → 체계적 시스템 → 생활 플랫폼으로 이어지며, 편의점 산업의 지속성장 전략을 대표하는 사례가 되었습니다.

편의점 변천사

1. 7-Eleven의 기원 및 일본 소유화

- 1927년 미국 달라스에서 시작했으나, 이토요카도가 남태평양 본사 (Southland Corporation)와 프랜차이즈 계약을 맺고 일본에서 7-Eleven 운영 시작

- 일본 기업의 지배 확대 (1991-2005년): 1991년 이토요카도가 Southland Corporation 지분 70% 인수 및 사명 변경. 2005년에는 일본의 Seven & I Holdings가 남은 지분을 전량 인수하여 본사의 완전 자회사로 편입

2. 국내 편의점 업계의 인수합병(M&A) 현황

브랜드	트렌드 및 특징
세븐일레븐 (롯데그룹)	**바이더웨이(Buy the Way) 인수 (2010년)** • 당시 약 1,000여 개 매장 보유 • 인수 후 점포 전환, 세븐일레븐의 점포 규모 확대에 기여 **미니스톱(Ministop) 인수 (2022년)** • 롯데지주가 일본 이온그룹 지분 전량 인수 • 당시 약 2,600여 개 매장을 보유 • 현재 세븐일레븐으로 점포 전환 진행 완료 단계
CU (BGF리테일)	**훼미리마트(FamilyMart)에서 CU로 전환 (2012년)** • 일본 훼미리마트 본사와의 라이선스 계약 종료 • 'Convenience for You'의 약자를 따서 'CU' 브랜드로 변경 • 해외 브랜드 의존에서 벗어나 독자 브랜드 확립
GS25 (GS리테일)	**LG25에서 GS25로 전환 (2005년)** • LG그룹에서 GS그룹 분리 독립 후 사명 변경 • 외부 M&A보다는 자체 브랜드 강화 중심으로 성장 **GS슈퍼마켓·GS더프레시 등 계열 리테일과의 시너지** • 점포망·물류·상품 기획 측면에서 내부 통합 효과
이마트24 (신세계그룹)	**위드미(With Me) → 이마트24 전환 (2017년)** • 신세계가 위드미 편의점을 인수 후 리브랜딩 • 기존 이마트 브랜드 파워를 활용해 단기간 내 인지도 확대 **이마트 계열 유통망과 연계 강화** • 상품 소싱, 물류망, 자체 브랜드(PL) 전략 결합

[참고자료]

1. 연합뉴스 - 안정적 수익을 위한 편의점주의 선택 '다점포' (2014)

2. CEO스코어데일리 - [CEO워치] 민승배 BGF리테일 대표, 편의점 업계 1위 '눈앞'…올해 ... (2025)

3. 뉴스와이어 - GS25, 올해 간편식 운영 전략 및 먹거리 대표 슬로건인 '한끼 혁명'

4. 연합뉴스 - GS25, 가맹점주 특화상품 판매 인센티브 재원 20% 늘리기로 (2024)

5. 중앙뉴스 - GS25, 가맹점 매출 해법 찾는다…'상품 트렌드 전시회' 개최

6. 네이버 블로그 (ub4me) - [창업성공사례] GS25 창업 성공사례(서울 도봉구)

7. 네이버 블로그 (misune9248) - 'GS 25시 편의점 창업' 성공사례(서울 강남구)

8. Goover - GS리테일과 GS25의 성장 전략 및 시장 경쟁력 분석 (2024)

9. GS25 공식 웹사이트 - GS25의 특징

10. 한국프랜차이즈경영학회지 (김상훈, 이창수) - 편의점 가맹점주의 다점포 운영이 가맹점 성과에 미치는 영향 (2019)

11. 한국프랜차이즈경영학회지 (권용석, 남정민) - 「다점포 운영의 성과 요인 분석」(2021)

12. K-프랜차이즈, 하이프랜차이즈 - GS25 프랜차이즈 정보 및 점포수

현황

13. Loc N Apps - Baskin-Robbins: A case study

14. Study.com - Video: SCM Case Study - Seven-Eleven in Japan

15. Unila.ac.id - [PDF] Seven-Eleven Japan Co.

16. 비즈니스워치 - 편의점도 '부익부 빈익빈'…달리는 '2강' 후진하는 '2약' (2025)

17. 중앙일보 - 전성기 누리던 편의점 휘청…매출·점포 수 첫 감소, 이유는 (2025)

18. ZUM 뉴스 - 다점포율 1위 파파존스…편의점 추락 [다점포율로 살펴본 2025 자영업 트렌드?] (2025)

19. 네이버 블로그 (tkdeoen77) - 소자본 창업 1인 기업 성공사례 옆커폰 소개 (2023)

20. 일본 Lawson 멀티스토어 앱 도입 사례 (2023, Nikkei)

21. GS25 가맹점주 커뮤니티 설문조사 요약 (2024)

SHIFT MINDSET
생각은 방향이고, 행동은 길이다

시프트는 단순히 생각을 바꾸는 일이 아닙니다. 생각이 방향을 정한다면, 행동은 그 길을 여는 힘입니다. 머릿속에서만 머물던 가능성은 손끝의 실천을 통해 현실이 됩니다.

사고가 바뀌면 시야가 넓어지고, 행동이 바뀌면 세상이 달라집니다. 이 책에 등장하는 브랜드와 사람들은 바로 그 전환의 과정을 행동으로 증명했습니다.

그들은 '생각하는 사람'이 아니라 '움직이는 사람'이었고, 그 실행의 누적이 곧 시프트의 본질, 즉 성장을 만들어내는 **행동전략의 힘**이 되었습니다.

이 책에 등장하는 브랜드와 사람들은 완벽하지 않습니다. 그러나 저는 그들의 사생활이나 겉모습, 혹은 세상의 평가로 그 본질을 축

약하거나 외면하고 싶지 않습니다.

브랜드의 겉모습보다 중요한 것은 **"그들이 어떻게 전환(시프트)을 만들어냈는가"**, 그리고 "어떤 행동전략으로 그 변화를 현실로 만들었는가"입니다.

시프트는 다르게 보기의 시작이며, 행동전략은 그 다름을 현실로 만드는 힘입니다. 생각이 방향을 정하고, 행동이 그 길을 엽니다..

두끼떡볶이는 '떡볶이'라는 익숙한 아이템 속에서 고객이 직접 요리하는 '참여형 외식'을 시프트로 삼았습니다. 이 작은 아이디어가 프랜차이즈 산업의 흐름을 바꾸었습니다.

현재 두끼는 국내 245개, 해외 13개국 179개를 포함해 총 424개 매장을 운영하고 있으며, 그중 **베트남에만 134개 매장**을 두고 있습니다.

'체험형 K-푸드 프랜차이즈'로 성장한 두끼는 회전율과 체류시간을 데이터 기반으로 관리하는 행동전략을 통해 확장성과 재현성을 동시에 확보했습니다.

삼진어묵은 길거리 간식을 '프리미엄 베이커리형 어묵'으로 바꾸며 '부산의 로컬 브랜드'를 '전국형 식품기업'으로 시프트했습니다.
매장 리뉴얼과 위생 시스템 혁신, 제조공정 개선을 통해 브랜드 이미지를 새롭게 구축했습니다.

그 결과 매출은 2013년 80억 원에서 2024년 기준 **1,000억 원대로 성장**했습니다.
삼진어묵의 전환은 단순한 상품의 변화가 아니라 '지역의 브랜드가 세계의 무대로 나아간' 철학적 도약이었습니다.

패스트파이브는 단순한 공유오피스 사업을 넘어 '입주자 중심의 서비스 플랫폼'으로 진화했습니다.
공간을 임대하는 사업에서, '사람과 아이디어가 연결되는 생태계'로 시프트한 것입니다.

현재 전국 56개 지점을 운영하며, 네이버·카카오엔터프라이즈·롯데 등과의 전략적 제휴를 통해 공간·콘텐츠·데이터를 융합한 새로운 오피스 플랫폼을 구축했습니다.

그들의 전략은 명확했습니다. **공간을 빌리지 말고, '경험'을 제공하라.**

감자밭의 시작은 작은 농업회사였습니다. 컬러감자 재배로 출발해 감자빵과 베이커리 카페로 전환하며, 농업의 구조를 '감성 산업'으로 **시프트**했습니다.

브랜딩과 제품 개발, 그리고 체험형 매장을 결합해 단순한 생산업체를 넘어 '로컬 크리에이티브 기업'으로 성장했습니다.

그 결과 **농업정책보험금융원이 운용하는 농식품모태펀드로부터 25억 원의 투자**를 유치했고, 2024년 기준 **매출 205억 원**을 기록했습니다.

현재는 일본 수출을 넘어 **새로운 글로벌 K-푸드 컬처의 가능성**을 열고 있으며, '지속가능한 지역 생태계'를 구축하겠다는 철학을 실행으로 옮기고 있습니다.

이처럼 시프트와 행동전략은 서로를 완성하는 두 축입니다. 시프트가 방향을 잡고, 행동전략이 길을 엽니다.

그 두 톱니가 맞물려 돌아갈 때, 리더는 혼란 속에서도 중심을 잃지 않고, 조직은 위기 속에서도 전진할 수 있습니다.

그리고 이 모든 전환의 시작에는 '실천'이 있습니다. 생각이 행동을 이끌기도 하지만, **실전에서의 행동이야말로 사고를 전환시키는 진짜 단초입니다.**

움직이는 사람만이 자신이 무엇을 바꿀 수 있는지를 깨닫습니다. 『Shift 마인드셋』이 전하고 싶은 건 누군가의 이미지를 평가하는 이야기가 아니라, 그 이면에서 끊임없이 시도하고 전환을 만들어온 **진짜 변화의 기록**입니다.

완벽함이 아니라, 움직임. 이미지가 아니라, 본질.
그것이 이 책이 추구하는 시프트의 철학이자, 당신을 성공으로 이끄는 **행동전략의 시작점**입니다.

7장

글레이즈드 전쟁
- 도넛의 달콤한 경쟁

글로컬라이제이션

포지셔닝 전략 차별화
- 던킨 : 출근길·간편 구매 타깃
- 미스터도넛 : 여유·휴식 중심 소비
- 제품·감성 구성 전략 현지화

제품·맛 현지화 전략
- 현지 입맛에 맞춘 조리 조정
- 시즌 한정 콜라보 메뉴 출시
- 제조·물류 방식 혁신

유통·입지 전략
- 핵심 상권 교통 요지 선점
- 가맹망 확장 속도 관리
- 점포 규모·형태 다양화

브랜드 이미지 관리
- 광고·프로모션 차별화 (감성vs실용)
- 컬래버레이션 혁신 전략
- 멤버십·SNS 커뮤니티 강화

SHIFT MINDSET

왜 이 도넛은 살아남았고, 저 도넛은 사라졌을까

우리는 모두 한 번쯤, 도넛을 집어 들었던 기억이 있습니다. 유리창 너머 반짝이는 그 달콤함이 살짝 속삭이잖아요.

"오늘은, 괜찮잖아."

하지만 그 유혹의 방식은 국가마다, 사람마다 달랐습니다. 어떤 브랜드는 출근길을 노렸고, 또 어떤 브랜드는 느긋한 일상을 팔았습니다.

같은 출발, 다른 여정

던킨은 속도를, 미스터도넛은 정성. 시장 선택의 차이가 사업 운명을 결정

던킨과 미스터도넛. 같은 시작, 다른 여정. 던킨은 빠르고 간편한 도넛, 미스터는 부드럽고 따뜻한 경험. 미국에서 출발한 두 브랜드는 동아시아에서 엇갈렸습니다. 일본에서는 미스터도넛이 웃었고, 한국에서는 던킨이 남았습니다.

"일본은 '가족과 나누는 간식'을, 한국은 '빠른 효율'을 원했다. 현지 문화가 브랜드 성패의 갈림길"

"왜 그랬을까요?"

제가 어느 브랜드 관계자에게 물었습니다.

"일본은, 정성을 좋아해요."

"매장에서 만드는 걸 직접 보고 싶어 하거든요."

그 말처럼, 도넛은 일본에선 '간식'이 아니라, 가족과 나누는 모습이었습니다.

반면 한국은 달랐습니다. 좁은 공간, 빠른 회전, 효율을 중시하는 고객에게 퍼포먼스는 사치였을지 모릅니다.

미스터도넛은 결국 철수했고, 던킨은 남아 새 길을 택했습니다.

> **변화의 해법**
>
> **던킨은 커피와 도넛의 균형 전략으로,**
>
> **미스터도넛은 퍼포먼스 중심으로 현지 최적화**

커피를 중심에 두고, 달콤함은 줄이고, 간판에선 도넛을 지웠습니다. '원더스' 매장으로 변신한 던킨은 좀 더 차분하고, 좀 더 고급스러운 분위기를 택했죠.

"우유 도넛 아시죠?"

"그게 요즘 젊은층 사이에서 꽤 반응이 있어요."

도넛 하나에도, 자극보다 균형을 담으려 했다는 설명이었습니다. 디지털 채널을 늘리고, 앱 주문과 빠른 픽업도 소리 없이 개선해 나갔습니다.

> **디지털로 이어진 속도**
>
> 앱 주문과 빠른 픽업—효율을 개선한 작은 변화

던킨은 그렇게, 다시 하루의 일부가 되었습니다. 미스터도넛은 '퍼포먼스'를 팔았고, 던킨은 '속도'를 설계했습니다.

브랜드는 결국 맥락이죠. 그 거리, 그 하루의 기분, 누구의 손에 닿는가. 두 브랜드의 여정은, 그들의 선택이 만든 길이었습니다.

> **감정이 미래를 만든다**
>
> 도넛은 간식이 아니라 하루의 기분.
>
> 그 감정을 붙잡는 방식이 곧 브랜드의 미래

우리는 도넛을 고르지 않습니다. 그날 하루의 감정을, 조각 하나로 나누는 거죠. 그리고 그 감정을 지켜내는 방식이, 바로 브랜드의 미래를 만듭니다.

피터 드러커의 말처럼,

"미래를 예측하는 가장 좋은 방법은 그것을 창조하는 것이다."

The best way to predict the future is to create it.

- 피터 드러커(Peter Ferdinand Drucker), 미국 작가·경영학자·사회생태학자

브랜드는, 그렇게 사람들의 틈으로 스며듭니다. 다시, 하루의 시작이 되듯이요.

맥락(Context)

같은 도넛이라도, 나라마다 소비되는 방식이 달랐다.

'속도'와 '정성'—문화적 맥락이 브랜드의 운명을 결정

변신(Transformation)

미스터도넛은 머물렀고, 던킨은 바뀌었다.

변화에 대응한 브랜드만이 시장에 생존

> **감정(Emotion)**
>
> 도넛은 단순한 간식이 아니다. 하루의 기분을 담는
> 감정의 매개체가 되었을 때, 브랜드는 비로소 지속 가능

1. 입맛의 전략 '일본에서 성공한 이유, 한국에서 실패한 방식'

미스터도넛은 도넛을 만든 게 아니었습니다. 그들은 믿음을 만들었죠.
"눈앞에서 조리되는 도넛, 보면 안심되잖아요."
누군가가 말했습니다. 바삭함보다 부드러움을 남기려는 손길. 일본은 그 정성을 기억했습니다.

> **정성 → 신뢰**
>
> 눈앞에서 만들어지는 도넛은 단순한 간식이 아니라,
> '믿음'을 주는 경험

진열대보다, 카운터 너머 조리대에서 빚어지는 작은 움직임에 마음을 주었으니까요. 그곳의 도넛은 그냥 간식이 아니라, 하루를 응원하는 따뜻함이었습니다. 하지만 한국은, 조금 달랐습니다. 매장은 좁았

고, 기계 한 대 둘 자리도 모자랐죠. "매장에서 도넛을 직접 만들 수 있으면 좋겠지만, 현실은 배송이 전부예요." 신선함보다 회전율이 먼저였습니다.

> **공간 제약 → 효율 우선**
> 좁은 매장과 높은 임대료 속에서 '퍼포먼스'는 사치가 되었고,
> 결국 속도에 최적화된 배송 중심 구조가 선택

가맹 경영주에게 퍼포먼스는 수익을 해치는 부담이었고, 고객에게는 익숙하지 않은 낯선 불편이었습니다. 그리고 결국, 가장 먼저 매장을 떠난 건 정성이 아니라, 계속된 적자였습니다.

> **고객 경험 → 수익구조 불일치**
> 고객은 신선함을 원했지만,
> 가맹 경영주는 비용 부담으로 오히려 생존이 위협

입맛은 혀로만 느끼지 않습니다. 손끝, 눈길, 분위기—그 모든 경험이 하나의 맛이 되죠.

미스터도넛은 그걸 알고 있었습니다. 하지만 한국의 소비 환경은 그

것을 허락하지 않았습니다.

사업은 결국, 정성만으로는 부족합니다.

> **정성 → 구조의 한계**
>
> **마음만으로는 부족하다. 시스템 없는 정성은 결국 적자로 연결**

'하고 싶다'보다 '할 수 있다'가 먼저입니다. 미스터도넛의 실패는 마음이 없어서가 아니라, 그 마음을 지탱할 '구조'가 없었기 때문이었습니다.

> **가능성 vs. 의지**
>
> **열정보다 구조가 먼저다.**
>
> **'할 수 있다'도 기반이 없는 브랜드의 생존은 불가**

2. 던킨은 어떻게 다시 살아났는가

던킨도너츠는 한때 잘나갔지만, 서서히 잊혀져 갔습니다. 너무 달았고, 너무 오래된 브랜드였죠. 매장은 낡았고, 메뉴는 지루했습니다.

> **위기 → 시프트 전략**
>
> 즉, 던킨은 "정체된 도넛 브랜드"에서
> "커피와 균형 잡힌 경험 브랜드"로 전환

하지만 그들은 한 걸음 물러서서 돌아보았습니다.

"지금, 도넛만으론 부족해요."

브랜드 실무자가 조심스럽게 말했습니다. 사람들은 커피를 마시고 있었고, 도넛은 더 이상 주인공이 아니었습니다.

그래서 던킨은 과감하게 방향을 틀었습니다.

간판에서 '도너츠'를 지우고, 'Dunkin'이라는 이름만 남겼습니다. 그건 말 바꿈이 아니라, 전략 전체의 전환이었습니다.

> **정체 → 전환**
>
> '도너츠'를 지우고 '던킨'만 남긴 건 단순한 간판 교체가 아니라,
> 브랜드의 언어를 바꾼 전략적 선택

속도, 효율, 디지털. 새로운 무기를 꺼낸 거죠. 'Wonders by Dunkin.' 프리미엄 매장이 실험처럼 열렸습니다. 넓어진 공간, 여유 있는 좌석, 바뀐 조명 아래 커피가 중심에 섰습니다.

> **제품 중심 → 시스템 중심**
>
> **도넛에서 커피로, 메뉴에서 공간·앱·리워드로.**
>
> **제품이 아니라 시스템이 고객의 시간을 점유**

도넛은 이제 조연, 커피가 무대를 장악했습니다. 모바일 앱, 리워드 시스템, 배달 채널까지. 던킨은 다시, 일상의 중심으로 돌아왔습니다.

"한국은 빠르니까요. 출근길, 점심시간, 퇴근길까지 틈이 없어요."

그 말처럼, 던킨은 흐름을 정확히 읽었습니다. 미스터도넛이 정성으로 다가섰다면, 던킨은 시스템으로 응답한 셈이었죠.

> **정성 → 흐름 읽기**
>
> **미스터도넛이 '정성'으로 다가섰다면,**
>
> **던킨은 '속도와 효율'로 시대의 흐름을 파악**

바꾸기 위해선 과감히 버릴 줄도 알아야 했습니다. 이제 던킨은 다시 사람들의 손에 들립니다.

도넛 대신, 따뜻한 커피 한 잔으로. 브랜드란 결국, 시대의 언어를 읽고, 그 언어로 말을 거는 일이죠.

던킨은 지금, 그 말을 유창하게 하고 있습니다.

3. 두 브랜드를 갈랐던 시스템의 민낯

미스터도넛은 참 아름다웠습니다. 진열장 너머 조리대, 도넛이 부풀고, 매장은 고소한 냄새로 가득했죠.

"손님들이 냄새만 맡아도 기분 좋아진다 하셨어요."

하지만 한국에선 그 장면이 오래 가지 못했습니다. 매장은 좁았고, 도넛은 수백 개 팔아야 했고, 가맹 경영주는 인건비와 폐기에 지쳐갔죠. 직접 생산은 예뻤지만 효율은 낮았습니다.

"직접 만드는 방식은 보기엔 근사했지만, 남는 게 없었어요. 버리는 양도 많았고요."

> **정성은 아름다움, 효율은 생존**
> **눈앞에서 빚는 도넛은 고객의 마음을 얻었지만,**
> **매장 수익구조와 가용 노동력의 한계 노출**

반면 던킨은 공장에서 만든 도넛을 매장에 공급했습니다. 경영주는 조리보다 판매에 집중할 수 있었고, 교육도 단순했습니다. 도넛은 상품이 아니라 '브랜드 구성 요소'가 되었죠. 커피만 매장에서 직접 내렸고, 도넛은 입고되면 진열만 하면 됐습니다.

리스크는 줄고, 표준은 지켜졌습니다.

> **직접 생산은 퍼포먼스, 공장 공급은 표준화**
> **미스터도넛은 경험을, 던킨은 구조를 택했다.**
> **현지 선택의 차이는 결국 운명의 갈림길**

한쪽은 손을 들이고, 한쪽은 덜었습니다. 한쪽은 경험을 만들었고, 한쪽은 시스템을 설계했죠. 그 선택이 결국 생존의 차이를 만들었습니다. 미스터도넛은 떠났고, 던킨은 재정비 후 다시 돌아섰습니다.

"좋은 맛도, 버틸 구조가 있어야 팔 수 있어요."

> **맛은 순간, 시스템은 지속**
> **아무리 좋은 맛도 버틸 구조 없이는 오래 팔 수 없다.**
> **브랜드의 본질은 '지속 가능성'**

정성과 감성만으론 사업을 지탱할 수 없습니다. 브랜드는 결국, 지속 가능한 구조에서 완성됩니다.

4. 공간의 진화 '원더스'라는 이름의 전략

던킨은 익숙한 브랜드였습니다. 너무 익숙해서 변화를 망설이던 시절도 있었죠. 도넛과 함께 묶인 정체성, 바꾸기 쉽지 않았습니다.

하지만 '원더스'라는 이름 아래, 그들은 새로운 실험을 시작했습니다.

> **도넛에서 공간으로**
>
> **효율 중심의 던킨이 '원더스'라는 이름 아래 감각과 경험을 설계하며, 브랜드 전략의 전환점에 다다름**

서울의 첫 매장은 커피 향이 공간을 채웠고, 진열장은 제품보다 '감각'을 전시했습니다.

"여기, 던킨 맞아요?"

손님들이 가장 자주 던진 말입니다. 천장은 높고, 조명은 따뜻했으며, 테이블 사이엔 여유가 흘렀습니다. 던킨은 더 이상 '사서 나가는 곳'이 아니라 '앉아 머무는 경험'이 되었습니다.

머무는 경험

빠른 구매에서 '앉아 머무는 순간'으로 이동,

고객은 공간을 소비하며 브랜드를 공유

프리미엄 커피와 샌드위치, 시그니처 브루, 계절 한정 음료까지.

그들은 메뉴보다 순간을 설계했습니다. 그 순간은 사진이 되어 SNS에 올라갔고, 다른 고객을 불러오는 파장이 되었죠. 던킨 원더스는 매장이 아니라 브랜드 리뉴얼의 실험장이었습니다. 고객 동선은 바뀌었고, 조리 공간은 반쯤 열렸습니다.

공간의 메시지

조용히 놓인 조명, 열려 있는 조리대,

넓어진 좌석—이 모든 것이 "우린 달라졌다"라는 브랜드 메시지

"음료 만드는 손길조차 브랜딩이 된다고요."

기존의 던킨이 반복이었다면, 원더스는 큐레이션이었고, 효율을 택했던 과거에서 감각을 중심에 놓은 현재로 그들은 이동했습니다.

"그땐 도넛이 주인공이었죠. 지금은 커피와 공간이 함께 갑니다."

공간은 말이 없습니다. 하지만 그 정적은, 브랜드의 가장 강한 언어가 됩니다. 던킨은 공간으로 말합니다.

"우린 바뀌었어요. 당신과 더 가까워지기 위해."

5. 파장의 결 '가맹 경영주, 소비자, 본사의 선택'

변화는 늘 아름답지만, 현장에겐 그만큼의 무게가 됩니다.

던킨 원더스 매장이 보여준 감동은 가맹 경영주에게는 실제 운영의 책임이었죠.

"인테리어는 멋졌지만, 손은 더 많이 갔어요."

매장은 고급스러워졌고, 메뉴는 늘었고, 고객도 많아졌지만, 그만큼 인력과 장비, 교육도 따라야 했습니다.

> **프리미엄 전환 → 운영 부담 증가**
> 인테리어·메뉴 고급화가 고객의 만족을 불렀지만,
> 동시에 경영주의 인력·시설 부담으로 귀결

크로플, 스페셜 커피, 계절 한정 메뉴까지. 기존 경영주들은 고민했습니다.

"지금 그대로도 되긴 하는데… 올라타야 하나요?"

본사도 이 흐름을 알았습니다. 그래서 교육을 촘촘히 보완했고, 시설 보조금과 리뉴얼 지원도 과감히 늘렸습니다.

소비자는 바로 반응했습니다.

#던킨프리미엄, #원더스 해시태그가 SNS에 퍼졌고, 주말이면 자리가 없었습니다.

> **본사 지원 강화 → 소비자 반응 가속**
>
> 교육·보조금·리뉴얼 지원이 강화되자
>
> SNS와 오프라인에서 프리미엄 이미지가 빠르게 확산

"이젠 커피도 던킨에서 마시죠. 도넛은 자연스럽게 따라오고요."

객단가는 올라갔고, 머무는 시간도 늘어났습니다. 하지만 모두가 웃은 건 아니었습니다.

"우린 그대로인데, 옆 매장은 리뉴얼돼서 비교돼요."

가맹점 간 격차는 커졌고, 브랜드 내에서도 양극화가 생겼습니다.

그럼에도 던킨은 움직였습니다.

"가만히 있으면, 익숙함이 아니라 낡음이 되잖아요."

> **격차 확대 → 브랜드의 양극화**
>
> 새 흐름에 올라탄 점포는 성장했지만,
>
> 그대로 남은 점포는 뒤처지며 가맹점 간 차이가 두드러짐

가맹 경영주는 말합니다.

"이제는 진짜 커피 브랜드 같아요."

소비자는 말합니다.

"커피 마시러 갔다가, 도넛까지 사오게 돼요."

본사는 기록합니다.

"브랜드는 결국, 현장에서 완성됩니다."

6. 일본의 정교함 '미스터도넛의 조직 전략'

미스터도넛의 일본 성공은 도넛의 맛이나 메뉴 때문만은 아니었습니다. 그들은 '처음부터 조직을 설계한 브랜드'였습니다.

"매장 하나 짓기 전에, 물류부터 검토합니다."

그들은 입지 분석, 생산 방식, 물류 계획까지 시뮬레이션으로 설계했습니다.

> **물류-조직-효율**
>
> **중앙공장과 냉동 네트워크 → 균일한 품질과 신선함 확보**
>
> **→ 적은 인력으로도 운영 가능**

일본 전역을 잇는 중앙공장과 냉동 네트워크, 시간 단위로 짜인 배송 스케줄.

"신선함이요? 우린 그걸 시스템으로 만듭니다."

직접 굽지 않아도 매장은 효율적으로 돌아갔고, 적은 인원으로도 빠른 서비스가 가능했습니다. 오더, 정산, 회전까지 모두 디지털로 자동화됐습니다. 하지만 가장 인상적인 건 '가족 친화적 공간' 철학이었습니다. 아이 전용 테이블, 조용한 어르신 공간, 도넛을 함께 먹는 그 순간을 공간으로 표현한 브랜드.

> **공간-경험-철학**
>
> **아이 테이블, 어르신 공간 → '도넛은 대화의 도구' 철학**
>
> **→ 가족 친화적 경험 설계**

'도넛은 대화의 도구'라는 슬로건은 광고 문구가 아니라 매뉴얼이었습니다. 직원 교육, 서비스 응대, 모든 과정에서 그 철학은 일관됐습니다.

"여기 오면 기분이 좋아져요."

고객이 그런 말을 하게 된 건, 우연이 아니라 기획의 결과였습니다. 한국에서 실패한 퍼포먼스는 일본에선 문제가 되지 않았습니다. 인건비 구조, 서비스 문화, 그리고 교육 시스템 자체가 달랐기 때문이죠. 모든 매장이 균일했고, 메뉴는 계절에 맞춰 정돈됐으며, 서비스는 정직했습니다.

문화-교육-안정성

서비스 문화 + 직원 교육 → 매장 간 균일한 운영

→ 고객에게 일관된 신뢰 제공

미스터도넛은 맛보다 경험을 설계했습니다. 그리고 그것이 그들의 전략이었습니다.

7. 정체성과 현지화 '브랜드의 두 얼굴'

글로벌 브랜드가 다른 시장에서 성공하려면, 모순적인 과제를 마주하게 됩니다. 정체성을 지키면서도, 현지에 맞춰야 한다는 것.

"둘 다 가능할까요?"

누군가는 그렇게 묻겠지만, 성공한 브랜드는 그 균형을 찾아냈습니다.

> **정체성 + 현지화 = 성공**
>
> **브랜드는 자기 색을 지우지 않으면서도,**
>
> **현지의 문화와 생활을 존중할 때 살아남는다.**

미스터도넛은 그 대표적인 사례였습니다. 미국식 이름을 달고도, 일본에서 가장 일본적인 브랜드가 되었죠. 도넛 크기, 당도, 색감, 시즌 메뉴까지 모두 일본인의 리듬에 맞춰 바뀌었습니다. 한국에서 외면 받았던 레트로 감성도 일본에선 "정겹다"는 반응을 얻었고, 사람들은 그 익숙함에 머물렀습니다. 그럼에도 '미스터도넛'이라는 이름은 변하지 않았습니다.

"정체성을 지우지 않고, 그 안에 일본을 담은 거죠."

던킨 역시 같은 길을 걸었습니다. '도너츠'를 간판에서 뺐지만, 도넛을 버리진 않았습니다. 커피를 중심에 놓되, 우유 도넛이나 에클레어 같은 메뉴로 브랜드 감각을 유지했죠.

> **무엇을 남기고, 무엇을 바꿀 것인가**
>
> 미스터도넛은 '일본의 리듬'을, 던킨은 '한국의 속도'를 택했다.
>
> 선택의 균형이 곧 브랜드의 지속성

"던킨 가면 커피 마시고, 그냥 하나 집게 되잖아요."

그 한 조각이, 브랜드의 정체성을 지키는 장치가 된 셈입니다.

이처럼 브랜드가 성공하려면 두 줄 위를 동시에 걸어야 합니다. 무엇을 남기고, 무엇을 바꿀 것인지. 미스터도넛은 일본을 섬세하게 읽었고, 던킨은 한국의 속도를 이해했습니다.

> **존중의 전략**
>
> 현지 고객의 감각을 읽고 반영하는 태도,
>
> 그것이 곧 브랜드가 낯선 땅에서 '자연스럽게 스며드는 힘'

방식은 달랐지만, 둘 다 현지를 존중했습니다.

그리고 그 존중이 브랜드를 현지 속에 자연스럽게 스며들게 했습니다.

8. 교차점에서 '후발주자를 위한 사업화 전략의 단서들'

던킨과 미스터도넛. 같은 출발선, 다른 결말. 서로 다른 땅에서, 서로 다른 방식으로 성공과 실패를 교차해 왔습니다.

이 두 브랜드는 후발주자에게 이렇게 묻습니다. "당신의 브랜드는, 무엇에 맞추고 있나요?" 정체성만 고집하면 현지에서 멀어지고, 현지화에만 치우치면 브랜드는 흐릿해집니다.

정체성 vs 현지화
브랜드는 고집만으론 멀어지고, 타협만으론 흐려진다. 핵심은 균형

중요한 건 타협이 아니라, 그 둘 사이의 균형입니다. "딱 이거다"라는 해답보다 맥락을 읽는 눈, 구조를 짜는 힘이 더 필요합니다.

던킨은 단순화와 리포지셔닝으로 자신을 다시 설계했습니다. 미스터도넛은 감성적인 일상 안에 브랜드를 녹여냈습니다. 둘 다 '맛'보다 '경험'을 팔았고, '제품'보다 '시스템'을 설계했습니다.

> **제품보다 경험**
>
> **성공은 맛에 있지 않았다.**
>
> **'무엇을 먹는가'보다 '어떻게 경험하는가'로 결정**

 그 결과는 달랐지만, 그들이 틀렸다고 말할 순 없습니다. 시장, 입지, 유통, 인건비, 환경 자체가 다르니까요. 성공은 절대값이 아닙니다. 맥락 속에서 무엇을 어떻게 선택했는가의 결과입니다.

> **전략보다 맥락**
>
> **틀린 전략은 없다. 다른 시장, 다른 환경이 만든 결과**

 이제 후발주자의 차례입니다. 그들이 지나간 실패를 되풀이하지 않기 위해, 검증된 전략을 그대로 복제하지 않기 위해. 우리는 그들의 여정에서 지혜를 읽어야 합니다. 중요한 건 도넛이 아닙니다. "무엇을 팔 것인가?"보다는 "어떻게 연결될 것인가?" 브랜드는 결국, 사람입니다. 그들의 하루, 그들의 취향, 그들의 감각과 접점을 어떻게 설계할 것인가.

> **사람 중심의 설계**
>
> **브랜드의 본질은 상품이 아니라 사람.**
>
> **접점을 어떻게 설계하느냐가 미래**

그 구조 안에 철학이 담기면, 비로소 브랜드가 됩니다. 그리고 그것이야말로 이 책이 마지막으로 전하고 싶은 문장입니다.

"전략은 기술이 아니라, 사람을 향한 이해에서 시작된다."

글레이즈드 전쟁 - 던킨·미스터도넛의 시프트 정의

도넛 브랜드들은 '단순 디저트 판매'에서 '생활 속 카페·간식 플랫폼'으로 전환하며 시장에 적응했습니다.

핵심 시프트 순간

- 던킨 - 도넛 중심 → 커피·속도 중심

초기엔 달콤한 도넛만 강조했으나, 고객 니즈 변화로 정체성 위기

→ 시프트: 간판에서 "Donuts"를 빼고 'Dunkin'으로 재정의

→ '도넛 브랜드'에서 '커피·간편식 브랜드'로 확장

→ 결과: 점심·출근길 수요 흡수, 글로벌 생존력 강화

- 미스터도넛 - 확장 둔화 → 로컬 맞춤

한때 일본·미국 등 글로벌 경쟁자로 성장했으나, 미국 철수 후 일본 집중 전략

→ 시프트: 현지 소비 트렌드 맞춘 '시네마 콜라보, 계절 한정 메뉴'와 체험형 매장

→ 결과: 일본 내 도넛=미스터도넛이라는 압도적 로컬 브랜드 인지도 확보

요약:

- 던킨: "도넛 판매점 → 글로벌 커피·간편식 브랜드"
- 미스터도넛: "글로벌 확장 실패 → 일본 로컬 집중·체험형 브랜드"

이 두 브랜드의 시프트는, 같은 출발선에서 "속도와 확장(던킨)"을 택한 쪽과 "로컬 집중(미스터도넛)"을 택한 쪽의 대조적 전략이 만들어낸 결과입니다.

도넛의 역사, 트렌드 및 주요 브랜드

1. 도넛의 역사

- **기원**: 18세기 네덜란드 이민자들이 미국에 전한 Olykoek(기름에 튀긴 반죽)
- **링 형태**: 반죽이 고르게 익도록 하기 위해 고안된 구조적 진화
- **대중화**: 20세기 도넛 기계 발명, 제1차 세계대전 전선 보급으로 미국 문화에 자리

2. 주요 브랜드

- **던킨(Dunkin')**: 1950년 미국 출발, 미스터도넛 인수 후 북미 시장 주도, 36개국, 약 11,300개 매장 운영. 국내에 약 700개 매장 영업 중
- **미스터도넛(Mister Donut)**: 1956년 미국 출발, 현재 일본·동아시아 중심 브랜드, 미국에는 단 1개 매장만 운영, 일본에 약 1000개 매장 운영 중
- **크리스피 크림(Krispy Kreme)**: 1937년 미국에서 시작, 글레이즈드 도넛 열풍 주도, 추억의 상징, 글로벌 지점 확대 중
- **팀 호튼스(Tim Hortons)**: 1964년 캐나다 출발, 캐나다 국민 브랜드로 성장, 북미·글로벌 확장 중. 글로벌

- J.CO: 인도네시아 기반 브랜드, 동남아시아 중심 급성장, 지역적 입지 전략

3. 국가별 트렌드

국가 / 지역	트렌드 및 특징
미국	도넛은 서민 간식에서 아이코닉 문화식으로 자리 (전문점에서 대형 체인까지 다양)
일본	미스터도넛처럼 매장 제조 과정을 보여주는 정성 중심 전략이 효과적, 던킨 도넛 진출 실패(1990년대 후반)
한국	현재의 미국처럼 효율과 속도를 중시해 시스템 중심의 도넛 전략이 주류, 미스터 도넛 진출 실패(1980년대 후반과 2000년대 중반, 두 번의 진출 시도/철수)
글로벌 트렌드	소비자들의 간편함과 식품 다양성 추구. 또한 모찌 도넛 등 퓨전 제품이 인기를 끌고 있음

4. 소비자 인식

- 편의성과 위안을 동시에 추구
- 커피와 도넛의 조합이 전 세계적으로 사랑받는 패턴

[참고자료]

1. Entrepreneur Magazine - 「Dueling Donuts: A Tale of Two Brands」 (2017)

2. Tokyo5 블로그 - 「Why Mister Donut Works in Japan」 (2014)

3. Wikipedia (영문) - 「Mister Donut / Dunkin' Donuts 항목」 (2024.03 기준)

4. DBR (동아비즈니스리뷰) - 「던킨, Wonders 매장으로 프리미엄 전환 가속」 (2023.12)

5. SPC 공식 보도자료 - 「Wonders 매장 소개 및 ESG 개선 전략」 (2023-2024)

6. KBS 탐사K - 「SPC 협력업체 사망 사건과 구조적 리스크 진단」 (2022.10.21 방영)

7. Korea Food News - 「우유 도넛, 던킨의 전략 상품으로 안착하다」 (2024.03.17)

8. World Coffee Portal - 「SPC의 디지털 전환 전략 분석」 (2024 Q1)

9. Maeil Business Newspaper - 「SPC의 디지털 도약과 프리미엄 전략」 (2023.11.28)

10. 네이버 블로그 '쏭핑크' - 「[강남역] 던킨 원더스 강남 방문기 및 메뉴 리뷰」 (2025.03.25)

11. CEO스코어데일리 (김연지 기자) - 「30돌 맞은 '던킨'…프리미엄 매장 '원더스'로 승부수」 (2024.09.10.)

12. 헤럴드경제 (박병국 기자) - 「AI가 도넛 만든다…던킨 원더스 청담' 그랜드 오픈」 (2024.09.12.)v

13. Weekly Hankooki - 「미스터 도넛 시장 진출… '지존' 던킨 도넛, 삼각파도에 흔들흔들」 (2006.04)

14. 식품외식경제 (신지훈 기자) - 「미스터도넛의 '새로운 시도' 미래를 준비하다」 (2015.10.23.)

15. 식품외식경제 - 「새롭게 태어난 미스터도넛, "도넛의 차이를 만듭니다"」 (2015.08.17.)

16. Friesman Pressman - 「일본 미스터도넛의 부활, 성공 비결은 '가격 인상'?」 (2023)

17. 도링닷컴 (블로그) - 「미스터도넛, 한국진출…!」 (2007.04)

18. 네이버 블로그 (moons95) - 「Mister Donut의 실패 - 예상된 실패?」 (2008)

19. 네이버 Threads 유저 'dear_yeonha' - "미스터도넛 있던 때 자주 갔었다… 이제는 그립다" (2024)

"브랜드 철학은 언제나 '왜'에서 시작합니다.
빵과 커피가 단순한 식품이 아니라
하루의 감정을 품은 언어였던 까닭도 거기에 있습니다.

방법은 '어떻게'의 길 위에서 단련되고,
결과는 '무엇'으로 남습니다.
다점포의 확장, 세계로의 발걸음,
그리고 사람 곁에 오래 머무는 가치까지—

이제 우리는 감성에서 전략으로,
전략에서 지속으로 이어지는
'사업화의 여정'을 함께 걸어가려 합니다."

8장

브랜드의 시작
'빵과 커피 이야기'

브랜드의 시작

- **아이템 발굴과 기획**
  - 일상의 작은 틈, 감성적 순간 포착
  - 빵과 커피라는 생활 밀착형 아이템
  - 고객 경험 기반의 시그니처 메뉴 구상

- **브랜드 철학과 태도**
  - 사람을 품는 브랜드 지향
  - 정직·소박함이 주는 진정성
  - 속도보다 방향, 꾸준함의 지속

- **상품화·사업화 과정**
  - PEST·SWOT 분석 반영
  - 7P·STP 기반 전략 설계
  - 현장 운영과 피드백 순환 구조

- **지속 성장 구조**
  - 가맹점 다점포화 지원
  - 사회 가치·지역 커뮤니티 연계
  - 브랜드 본질 유지와 확장 균형

SHIFT MINDSET

결국, 브랜드는 '사람'을 품어야 합니다

위대한 것은 충동이 아니라, 모인 작은 일들의 결과로 이루어진다고 빈센트 반 고흐는 말했습니다.

Great things are not done by impulse, but by a series of small things brought together. 고흐(Vincent van Gogh), 네덜란드 화가

그리고 앤 프랭크는 이렇게 덧붙였습니다.

"나눔으로 가난해진 사람은 없다."

No one has ever become poor by giving. 앤 프랭크(Anne Frank), 네덜란드(?) 작가(안네의 일기)

> **나눔의 철학 → 지속되는 브랜드**
>
> 곁에 두고 싶은 맛, 나눔의 철학. 그 결과로 이어지는 지속되는 브랜드

우리는 빵을 팔지 않습니다. 커피도 팔지 않습니다. 우리가 매일 아침 반죽하고, 햇살 아래 내리는 커피 한 잔은 '하루의 틈'을 만드는 작업입니다.

> **작은 시작 → 큰 공감**
> 매일의 반죽, 한잔의 커피. 그 작은 시작이 모여 큰 공감

그 짧고도 깊은 순간, 누군가는 허기진 마음을, 누군가는 외로운 일상을, 또 누군가는 어제와 닮은 오늘을 견뎌야만 합니다. '빵과 커피 이야기'는 그런 사람들을 위한 브랜드입니다. 작지만 단단하고, 작기에 더 따뜻한.

> **소박한 빵 → 진짜 따뜻함**
> 화려함 대신 소박한 빵. 그 안에서 피어나는 진짜 따뜻함

무언가를 팔기보다는 마음을 건네고 싶었던, 그 마음에서 출발한 이름. 이 이야기는 그 브랜드가 어떻게 시작되고, 어떻게 다듬어졌으며, 어떻게 사람들과 연결되었는지에 대한 작고 긴 여정입니다. **이제, 그 첫 페이지를 펼쳐보려고 합니다.** 우리는 고급 베이커리가 아닙니다.

그렇다고 아무렇게나 만든 빵도 아닙니다.

> **정직한 맛 → 오래가는 기억**
>
> **속을 채운 단팥, 손끝의 성실. 그 정직한 맛이 오래가는 기억**

매일 구워내는 건 큼직한 단팥빵, 소보로, 소시지빵 같은 동네빵집의 기억. 속은 꽉 차 있고, 겉은 소박하지만 정직합니다. 커피는 '사이드'입니다. 하지만 결코 대충 내리지 않습니다. 묵직한 단팥빵과 어울릴 만큼은 충분히 괜찮은 맛. 때론 깊게, 때론 묽게, 그날의 온도와 조화를 생각합니다.

> **작은 시작 → 큰 공감**
>
> **매일의 반죽, 한잔의 커피. 그 작은 시작이 모인 큰 공감**

계절마다 하나씩 새로운 음료를 건넵니다. 겨울엔 군고구마라떼, 여름엔 수박 민트에이드처럼, 익숙하지만 낯선 계절의 조각을 담아냅니다. 우리는 '팔기 위해 만든 메뉴'가 아니라, '곁에 두고 싶은 맛'을 고민합니다. 그리고 그것이 지금 이 브랜드가 서 있는 방식입니다. 이 책의 시작에는, 저자의 시간이 조용히 스며 있습니다.

한때 펜을 내려놓고, 나는 작업복을 입었습니다. 어려워진 형편으로 '콘티빵'이라는 양산빵 공장에 들어갔고, 그곳에서 많은 이들처럼 생존과 시간을 배웠습니다.

> **생존의 노동 → 사람의 이해**
>
> **공장에서의 시간, 생존의 노동. 그 끝에 남은 것은 사람의 이해**

이 글은 그 시간의 결과이자, 다시 시작하는 마음입니다.
'빵과 커피 이야기'는 누구나 품고 있는, 그런 시작이기를 바랍니다.

기억의 온도

따뜻한 빵 냄새, 커피 한 잔.

시간이 흘러도 마음에 남는 기억의 온도

연결의 언어

사람과 사람을 잇는 힘,

빵과 커피가 만들어내는 연결의 언어

지속의 길

작은 시작에서 이어진 발걸음,

오래도록 이어질 지속의 길

1단계. 브랜드 철학 (Why)

1. 질문에서 시작하기
- **'시작은 '왜 하는가', '왜 빵과 커피인가'**

"무엇을 팔까보다, 왜 이 일을 하나요?" 창업은 질문에서 시작됩니다. 더 쉬운 길도 있었지만, 우리는 물었습니다. '왜 하필, 빵과 커피인가?' 질문의 끝엔 늘 사람이 있었습니다. 일상의 음식이면서, 감정을 담을 수 있는 메뉴. 그래서 시작할 수 있었습니다. 질문이 끝나자, 비로소 브랜드가 시작되었습니다.

2. 감정에서 브랜드가 시작됩니다
- **고객이 기억하는 건 정보가 아니라 느낌**

"느낌 하나로, 브랜드는 오래 남습니다." 사람은 정보를 잊지만 느낌은 기억합니다. 식감, 온기, 인사의 톤. 한잔의 커피가 위로였고, 스콘 하나가 용기였던 날. 그 감정을 다시 불러오고 싶었습니다. 감정은 포장할 수 없지만 건네질 수는 있습니다. 그게 우리가 믿는 브랜딩입니다.

3. 간판 하나의 무게
- **작은 이름 속에 담긴 진심**

"작은 간판 속에 큰 하루가 담깁니다." 간판은 단지 이름이 아닙니다. 그건 하루를 건네는 마음입니다. '빵과 커피 이야기'는 이야기에서 시작된 이름, 작은 간판 하나에 담긴 진심이 브랜드가 되었습니다. 우리는 이름에 장사보다 진심, 속도보다 관계를 담았습니다. 이 간판이 누군가에겐 하루의 시작이자 작은 쉼이 되기를 바랐습니다.

4. 브랜드는 사회를 향합니다
- 이윤은 사업 목적! 사회적 가치는 방향!

"이윤은 목적이지만, 가치는 방향입니다." 작은 브랜드도 작은 기여는 할 수 있습니다. 남은 빵은 아동센터에, 간식은 지역 축제로, 강의는 창업가를 향해. 우리는 묻습니다. '이 브랜드는 무엇을 남기는가?' 공감은 선물이 아닙니다. 일관된 행동과 진심 어린 태도. 브랜드는 그렇게 사회에 뿌리내립니다.

5. 우리가 남기는 작은 흔적들
- 거창하지 않아도 꾸준한 실천

"대단하지 않아도, 하루의 한 장면이면 충분합니다."

남은 빵을 포장해 아동센터에 전하고, 한 달에 한 번, "청년과 경영주가 삶을 나눕니다. 그 작고 반복된 일이 브랜드의 깊이를 만듭니다.

사회적 가치는 거창하지 않습니다. 그건 다정한 반복이고, 조용한 실천입니다. 우리는 그렇게 하루를 조용히 채웁니다.

2단계. 스토리와 심볼 (What)

6. 타깃이 정해질 때, 브랜드는 말이 됩니다

- 특정 고객의 마음을 향한 브랜드

"누구를 위한 브랜드인가? 이 질문이 마케팅의 시작입니다."

우리는 모두를 위한 브랜드가 아닙니다. 바쁜 하루, 잠시 숨 고를 공간. 그 마음을 위한 브랜드입니다. 출근길 직장인, 아이 간식을 사는 엄마, 스터디 전 커피 한 잔의 대학생. 그들의 마음을 이해하고, 그 마음이 머무를 자리를 만들었습니다.

타깃은 좁았지만, 그 마음은 넓고 깊었습니다.

7. 지역과 함께 숨 쉬는 브랜드

- 로컬은 뿌리이자 단골의 토대

"로컬은 잠재력이 아니라, 브랜드의 뿌리입니다." 우리는 바랐습니다. 매장이 지역과 함께 숨쉬기를. 매장 앞 골목, 학교 축제, 주민센터 게시판. 그곳에서 이름을 알리고, 사람을 만났습니다. 거리의 소리, 익숙한 인사 속에서 브랜드는 익어갔습니다. 로컬 마케팅은 비용보다 깊은 연결을 남깁니다. 지역은 단골을 만들고, 단골은 브랜드를 키웁니다.

8. 콘텐츠가 감성을 만듭니다
- 사진·문장 같은 작은 감성이 연결 고리

"사진 한 장, 문장 하나가 기억을 만듭니다." 고객은 맛보다 먼저 느낌에 반응합니다. SNS의 한 컷, 진열된 메뉴의 온기, 짧은 인사 한 줄. 우리는 매주 한 문장을 씁니다. "따뜻하게 먹고, 따뜻한 마음으로 나가세요." 감성은 마케팅이 아니라 전하고 싶은 마음입니다. 그 마음이 닿는 순간, 브랜드는 기억이 됩니다.

9. 브랜드는 기억의 언어로 남습니다
- 제품보다 오래 남는 건 경험의 언어

"로고는 보이지만, 느낌은 남습니다."

고객은 브랜드를 잊어도 느낌은 오래 기억합니다. 그날의 음악, 손글씨, 종이컵에 적힌 문장 하나. 우리는 말보다 느낌을 남기고자 했습니다. 감성은 설득보다 깊고, 브랜드는 그렇게 감각의 층위를 쌓아갑니다.

10. 브랜드의 마지막은 사람입니다

- 고객·경영주가 지켜내는 브랜드

"누가 만들었느냐보다, 누가 지키느냐가 중요합니다." 사람은 브랜드의 시작이자 끝. 고객은 기억을 만들고, 경영주는 신뢰를 쌓습니다. 본사는 그 둘 사이를 잇는 다리입니다. 결국 브랜드는 한 사람 한 사람이 보태는 작은 온기. 이 브랜드가 따뜻해 보인다면, 그건 사람 덕분입니다.

3단계. 제품 전략 (Core Offering)

11. 경험이 브랜드가 됩니다

- 몸으로 기억되는 순간이 브랜드 자산

"경험은 기억을 만들고, 기억은 브랜드를 만듭니다." '빵과 커피 이야기'는 휴식의 온도를 브랜드로 삼았습니다. 작은 테이블, 따뜻한 잔, 촉촉한 빵, 그 감각이 반복될 수 있다면 그 자체로 브랜드가 됩니다. 경험은 눈에 보이지 않지만, 몸은 기억합니다. 그 감각이 다음 방문을 만듭니다.

12. 작지만 강한 구조

- 작지만 강한 운영 설계

"크다고 강한 건 아닙니다. 작아야 유연합니다." 우리는 8평 매장을 기준으로 했습니다. 2~3인 체계, 하루 6시간 집중형 운영, 빵 10종, 커피 등 5종 구성. 회전 중심 메뉴, 단순한 운영, 최소의 시설 초기 투자 5천만 원 내외, 순이익률 30% 이상. 작지만 강한 설계, 그게 우리가 말하는 현실 창업입니다. 작아도 충분히, 작기에 더 강합니다.

13. 7P 전략, 사람 중심으로

- 틀보다 사람 중심이 핵심

"제품이 아니라, 사람을 중심에 두어야 합니다." 7P는 단순한 전략의 틀이 아니라, 사람의 경험을 담는 그릇입니다. 그 안을 채우는 것도, 기억하게 만드는 것도 사람입니다.

Product - 일상 속 누구나 편히 즐길 수 있는 익숙한 맛

Price - 부담 없는 가격, 단팥빵·커피 1,500원

Place - 가까운 곳에서 만나는 소비, 오피스·주거·학원·역세권 중심

Promotion - 5천 원 이상 구매 시 5% 할인, SNS와 감성 리뷰,

작은 리플렛까지 고객의 언어로 소통

> People - 고객과 경영주가 진심으로 연결되는 관계
>
> Process - 단순화된 동선과 효율적인 운영 시스템
>
> Physical Evidence - 매장에 스며든 향기, 따뜻한 디자인, 잔잔한 음악

 7P는 숫자가 아니라 사람의 체험 속에서 완성됩니다. 전략이 오래 남으려면, 결국 사람의 마음을 움직여야 합니다. 그리고 모든 요소가 조화를 이룰 때, 고객은 단순히 브랜드를 소비하는 것이 아니라 '느끼게' 됩니다. 사람을 중심에 둔 전략만이, 지속 가능한 브랜드를 만듭니다.

14. 반복이 만들어내는 신뢰

- 익숙함이 신뢰를 만든다

 "매일 똑같이, 그게 브랜드의 시작입니다." 특별함은 시선을 끌지만, 남는 건 익숙한 반복입니다. 같은 시간의 문, 익숙한 인사, 변함없는 커피의 맛. 그 반복이 브랜드를 만들고, 신뢰를 쌓아 올립니다. 브랜드는 기억보다 습관 속에 남아야 합니다. 오늘도 어제처럼, 내일도 오늘처럼. 그렇게, 신뢰는 조용히 완성됩니다.

15. 사업계획서는 진심의 언어입니다

- 익숙하지만 낯선 시도가 차별화

"숫자는 가능성을 말하고, 진심은 방향을 만듭니다." 우리는 말합니다. "우리는 커피를 팔지 않습니다. 하루의 틈을 설계합니다."

초기비용 5천만 원, 월매출 1,500만 원, 운영은 2~3인, 하루 10시간. 그 숫자들은 진심을 담은 구조이자, 공감을 위한 설계입니다. 진심만으로는 부족하고, 숫자만으로는 차갑습니다. 브랜드는,

그 둘이 만나는 자리에서 시작됩니다.

4단계. MD·마케팅 확장 (Market Fit)

16. 시장을 읽는 눈

- 환경 변화 속 기회를 찾는 눈 - Insight 통찰력

"세상을 읽어야, 자리도 보입니다."

PEST 분석으로 거시적 환경을 살폈습니다.

정책	청년·중장년 창업지원 확대	경제	고물가, 고금리, 저비용 창업 선호
사회	소확행, 혼밥, 혼카페 증가	기술	무인화, 자동화, 배달 플랫폼 확장

그리고 SWOT 분석으로 사업 방향을 다시 점검했습니다.

강점	저비용 구조, 고효율	약점	인지도 부족
기회	반복 소비 시장과 지역 상권	위협	유사 브랜드와 가격 경쟁

그 흐름 안에서 우리는 한 칸의 자리를 조용히 확보해 나갔습니다. 트렌드는 바뀌지만, 사람의 습관은 오래갑니다.

17. 본사의 역할은 뒤에서 밀어주는 것
- 경영주를 힘껏 밀어주는 본사의 힘

"앞이 아닌 뒤에서, 지켜주고 밀어주는 힘."

프랜차이즈 본사는 점포보다 경영주를 먼저 생각해야 합니다. 운영은 경영주가, 복잡함은 본사가 감당해야 합니다. 재료, 정산, POS까지 보이지 않는 자리에선 늘 먼저 움직여야 합니다. 브랜드는 시스템을 팔고, 본사는 조용히 뒤에서 든든한 벽이 되어야 합니다.

18. 브랜드의 일관성과 반복 가능한 운영
- 어디서나 같아야 신뢰가 생긴다

"어디에서나 같아야, 브랜드는 하나가 됩니다." 강남의 커피 맛이 대전에서 같고, 대구의 빵 중량이 광주와 동일하면, 그것이 브랜드입니다. 간판, 유니폼, 인사 한마디까지 익숙함이 신뢰를 만듭니다. 표준화는 브랜드의 언어. 교육은 실전이어야 하고, 운영은 반복 가능해야 합니다. 브랜드란 '다름'보다 '같음'을 증명하는 일입니다.

19. 경영주는 우리 브랜드의 얼굴입니다
- 운영자가 아니라 현장의 파트너

"경영주는 운영자가 아니라, 우리 브랜드의 파트너입니다." 고객을 가장 먼저 만나는 사람, 하루를 처음 여는 사람, 그가 바로 경영주입니다. 그래서 우리는 경영주를 수혜자가 아닌 동료로 보았습니다. 소통 채널, 정기 간담회, 현장 피드백 시스템. 경영주의 언어를 듣고, 그 손끝의 감각을 믿었습니다. 브랜드는 본사가 아닌 현장에서 시작됩니다.

20. 작지만 단단한 수익 모델
- 작아도 꾸준히 성장 가능한 모델

"화려하거나 크지 않아도 좋습니다. 꾸준하면 지속성장에 충분합니다."

우리는 물었습니다. 작은 매장으로도 월 400만 원을 벌 수 있을까? 답은 '예'였습니다. 하루 매출 53만 원, 원가율 30%, 임대료와 인건비를 줄인 구조. 핵심은 낭비 없는 설계. 적은 메뉴, 빠른 회전, 효율적인 인력 운영. 크지 않아도, 수익은 가능했습니다.

5단계. 성장 전략 (Growth)

21. 확장은 크기가 아니라 방향입니다
- 수보다 품질이 중요한 다점포

"확장은 넓어지는 것이 아니라, 깊어지는 일입니다." 다점포 전략의 핵심은 점포 수가 아닌, 운영자의 품질입니다. 두 매장을 맡기 위해선 교육과 시스템, 동기부여가 뒷받침돼야 합니다. 경영주는 브랜드의 얼굴, 그리고 고객과 가장 가까운 사람입니다. 한 매장의 경험이 다음 매장의 품질이 될 때, 브랜드는 흔들리지 않습니다.

22. 브랜드는 본질을 향해 정리됩니다
- 더하기보다 덜어내기에서 선명해짐

"더하는 것보다, 덜어내는 것이 어려웠습니다." 창업은 무엇을 더할지가 아니라, 무엇을 뺄지에 대한 선택이었습니다. 화려함 대신, 선명한 메시지를 남겼습니다. "오늘, 커피 한 잔과 빵 한 조각이면 충분해요." 덜어낼수록 본질은 또렷해지고, 있는 그대로도 충분히 닿을 수 있다는 자신감이 생겼습니다. 그것이, 우리의 브랜딩입니다.

23. 고객은 브랜드를 키우는 공동 저자입니다

- 고객은 브랜드의 공동 저자

"브랜드는 혼자 만들 수 없습니다." 고객의 후기, 단골의 추천, 그 모든 순간이 브랜드의 줄거리가 됩니다. 고객은 브랜드의 공동 저자입니다. 원하는 빵, 계절 음료, 편리한 포장. 고객이 말하면 우리는 바꿉니다. 그 모든 순환이 브랜드의 서사가 됩니다.

24. 작은 변화가 지속성장의 문을 엽니다

- 작은 변화가 지속성장을 만든다

"크게 바꾸지 않아도, 매일 달라질 수 있습니다."

지속성장은 반복 속 작은 차이를 놓치지 않는 일입니다. 재고 정리, 굽는 순서, 예열의 타이밍. 사소한 변화들이 운영의 리듬을 만들고, 만족을 쌓습니다. 성장은 멀리 있지 않았습니다. 작은 반복이 길을 열었습니다.

25. 가맹점 교육은 브랜드의 미래입니다

- 경영주의 성장이 곧 브랜드의 성장

"경영주가 배우면, 브랜드는 자랍니다." 교육은 오리엔테이션이 아니라, 지속적인 동행입니다. 실습과 이론, 현장의 노하우와 실패 사례까지, 경영주는 운영자이자, 브랜드의 교사입니다. 그의 앎이 고객의 만족이 되고, 브랜드의 말이 됩니다. 그리고, 함께 자랍니다.

26. 시스템은 일상의 편의를 설계합니다

- 편리함이 일상의 재방문을 설계

"편한 하루가, 브랜드를 다시 찾게 합니다." 결제는 빠르게, 포장은 단정하게, 주문은 한눈에. 운영은 흐름이어야 합니다. 끊기지 않고, 막히지 않게. POS, 발주, 재고는 자동화로, 불편은 사라지고, 집중은 남습니다. 작지만 정돈된 시스템이 일상의 반복을 설계합니다.

27. 경영주는 또 다른 창업가입니다

- 파트너와 함께 만드는 브랜드

"가맹이 아니라, 공동 창업입니다." 우리는 경영주를 수혜자가 아닌 파트너로 봅니다. 고객을 가장 먼저 만나고, 서비스를 완성하는 사람. 본사는 방향을 제시할 뿐, 현장의 선택은 존중해야 합니다. 경영주의 손끝에서 브랜드는 살아 움직입니다. 함께 만들기에, 더 오래갑니다.

28. 두 번째 매장이 말해주는 신뢰

- 신뢰의 결과! 2호점

"한 번은 경험, 두 번은 신뢰입니다." 한 경영주가 두 번째 매장을 연다는 건, 이미 충분히 믿었다는 뜻입니다.

우리는 그 믿음을 다점포 전용 교육과 운영 지원으로 되돌려줍니다. 반복된 선택, 그 안에 브랜드가 자랍니다. 신뢰는 그렇게 두 번째 문을 엽니다.

29. 위기를 관리하는 시스템
- 예기치 못한 순간을 대비하는 생존 전략

"문제는 피할 수 없습니다. 하지만 준비는 할 수 있습니다."

매출 하락, 고객 컴플레인, 비수기. 위기는 예고 없이 오기에 우리는 시스템으로 대비했습니다. 본사는 흐름을 읽고, 경영주는 빠르게 반응합니다. 가장 절실한 순간, 먼저 움직이는 것. 그게 생존의 기술입니다.

6단계. 지속·CSR·글로벌 (Legacy)

30. 다시, 시작합니다
- 고객 공감에서 다시 이어지는 길

"처음엔 꿈이었고, 지금은 길이 되었습니다." '빵과 커피 이야기'는 누군가의 시작을 위한 방식입니다. 작은 아이템 하나, 따뜻한 공간 하나. 그 모든 순간이 당신만의 브랜드가 됩니다.

크게 시작하지 않아도 됩니다. 진심이면, 그걸로 충분합니다. 이 이야기가 당신의 첫걸음에 작은 용기가 되길 바랍니다. 살아갈 날이 더 많다는 것은 때로는 막연한 불안으로 다가옵니다.

"언제쯤 나는 내 길을 찾을까?" "사업은 나와 무슨 상관일까?"

하지만, 마흔이 되기 전에 스스로의 사업을 만나야 한다는 말이 있습니다. 그것은 단순한 도전이 아니라, 앞으로의 시간을 견뎌낼 버팀목을 세우는 일입니다. 단 한 줄의 문장을 마음에 새기는 것만으로도 내 사업의 리듬이 바뀌고, 작은 필사가 루틴의 지혜가 됩니다.

그리고 깨닫게 됩니다. 모든 일에는 다 순서가 있다는 것을. 체계적 프로세스를 아는 순간, 흩어져 있던 고민이 정리되고, 막혀 있던 길도 순조롭게 열리기 시작합니다. 브랜드는 단순히 제품이 아니라, 사람·철학·경험이 쌓여 하나의 여정이 됩니다. 다음의 사업화 6단계 프로세스는 '작은 시작'이 어떻게 '지속 가능한 성장'으로 확장되는지를 보여줍니다.

※ 별첨1. 사업화 6단계 성장 프로세스

1단계. 브랜드 철학 (Why - 왜 하는가)

→ 질문에서 출발해, 감정·간판·사회적 가치·나눔으로 철학을 세움

2단계. 스토리와 심볼 (What - 무엇을 하는가)

→ 지역과 고객을 향한 타깃·콘텐츠·기억·사람의 스토리 구축

3단계. 제품 전략 (Core - 무엇으로 증명하는가)

→ 경험과 구조 속에서 전략·반복·차별화로 신뢰 형성

4단계. MD·마케팅 확장 (Market Fit - 시장 적합성)

→ 시장·지원·표준화·경영주 파트너십으로 운영 안정화

5단계. 성장 전략 (Growth - 어떻게 성장하는가)

→ 확장·본질·참여·개선·교육·시스템·신뢰·위기관리를 통한 다점포/지속성장

6단계. 지속·CSR·글로벌 (Legacy - 무엇을 남기는가)

→ 고객 공감, 사회 기여, 글로벌 진출로 남기는 유산

사업화 모델 성장 프로세스

단계	질문	항목	#
1단계. 브랜드 철학	Why "왜 하는가?"	질문 - 시작은 '왜 하는가', '왜 빵과 커피인가'	1
		감정 - 고객이 기억하는 건 정보가 아니라 느낌	2
		간판 - 작은 이름 속에 담긴 진심	3
		사회 - 이윤보다 사회적 가치가 방향	4
		나눔 - 거창하지 않아도 꾸준한 실천	5
2단계. 스토리와 심볼	What "무엇을 하는가?"	타깃 - 특정 고객의 마음을 향한 브랜드	6
		로컬 아이덴티티 → 타깃은 지역	7
		콘텐츠 - 사진·문장 같은 작은 감성이 연결 고리	8
		기억 - 제품보다 오래 남는 건 경험의 언어	9
		사람 - 고객·경영주가 지켜내는 브랜드	10
3단계. 제품 전략	Core "무엇으로 증명 하는가?"	경험 - 몸으로 기억되는 순간이 브랜드 자산	11
		구조 - 작지만 강한 운영 설계	12
		전략 - 틀보다 사람 중심이 핵심	13
		반복 - 익숙함이 신뢰를 만든다	14
		차별화 - 익숙하지만 낯선 시도가 차별성	15
4단계. MD·마케팅 확장	Market Fit "시장에서 맞는가?"	시장 - 환경 변화 속 기회를 찾는 눈	16
		지원 - 본사는 뒤에서 경영주를 밀어주는 힘	17
		표준화 - 어디서나 같아야 신뢰가 생긴다	18
		경영주 - 운영자가 아니라 현장의 파트너	19
		수익 - 작아도 꾸준히 가능한 모델	20
5단계. 성장 전략	Growth "어떻게 성장 하는가?"	확장 - 수보다 품질이 중요한 다점포	21
		본질 - 더하기보다 덜어내기에서 선명해짐	22
		참여 - 고객은 브랜드의 공동 저자	23
		개선 - 작은 변화가 지속 성장을 만든다	24
		교육 - 경영주의 성장이 곧 브랜드의 성장	25
		시스템 - 편리함이 일상의 재방문을 설계	26
		공동창업 - 경영주와 함께 만드는 브랜드	27
		신뢰 - 두 번째 매장이 증명하는 믿음	28
		위기관리 - 예기치 못한 순간의 대비 시스템	29

| 6단계.
지속·CSR·
글로벌 | Legacy
"무엇을
남기는가?" | 새로운 시작 - 고객 공감에서 다시 이어지는 길 | 30 |

※ 별첨2. 8개 사례의 공통 메시지

"본질은 지키되, 방향과 전략, 방법은 바꿔야 오래 남는다"는 사실

성공은 열정만이 아니라, 타이밍 있는 전환(시프트)에서 나왔습니다.

시프트의 정의

시프트는

→ "멈추지 않고, 본질은 지키되 방향을 새롭게 조정해 나가는 실행의 전략적 전환"입니다.

'Shift'는 단순한 움직임이 아니라, 절대적 변화·상대적 변화·지리적 변화가 조화를 이루는 과정입니다. 자동차의 기어를 바꿀 때처럼, 상황에 맞게 속도와 방향을 조절하며 최적의 구간으로 이동하는 것이죠.

- 사업에서도 마찬가지입니다.
- ☑ 고정된 축: 내가 가진 핵심 역량·철학의 본질
- ☑ 움직이는 축: 시장과 고객의 흐름과 변화에 대응하는 전략·방식·상품
- 즉, 본질은 지키되, 절대적·상대적·지리적 변화의 균형 속에서 속도와 방향을 조정해 지속 가능한 구조로 유연하게 옮겨가는 것, 그것이 시프트입니다.

왜 시프트가 중요한가?

- 같은 방식으로는 오래 갈 수 없습니다.
- ☑ 시장은 바뀌고, 고객은 변합니다. 그대로 가면 '열심히'가 아니라 '헛수고'가 될 수 있습니다.

- 작은 전환이 큰 생존을 만듭니다.

☑ '제품'에서 '경험'으로, '속도'에서 '방향'으로 시프트할 때 비로소 브랜드와 사람이 함께 성장합니다.

- 나에게도 적용됩니다.

☑ 사업뿐 아니라 개인의 커리어와 일상도 마찬가지입니다. 같은 일을 해도 관점과 실행을 살짝 바꾸면 전혀 다른 기회가 열립니다.

세상은 늘 더 빠른 속도를 요구했지만,
길을 지킨 것은 언제나 깊이였습니다.
작은 순간의 선택이 남겨진 이름이 되고,
그 이름은 오래도록 우리 곁에 머물렀습니다.

에필로그

우리는 늘 '해 뜨는 곳'을 꿈꾸며 출발합니다. 성공의 자리, 빛이 향하는 방향. 그러나 사업의 길은 언제나 빛만 있지 않았습니다. 보이지 않는 결핍과 구조 속에서 흔들리고, 때로는 멈추어 서기도 했습니다. 그럼에도 어떤 이들은 끝내 자리를 지켰습니다. 그들의 공통점은 화려한 재능이 아니라, 실행으로 이어지는 작은 습관, 위기마다 내린 시프트의 결단, 그리고 포기하지 않는 끈기였습니다. 스티브 잡스는 이렇게 말했습니다.

"I'm convinced that about half of what separates successful entrepreneurs from the non-successful ones is pure perseverance."

"성공한 창업가와 그렇지 못한 이를 가르는 절반은 바로 끈기다."

창업가의 길에서 승부를 가르는 것은 화려한 재능이 아닙니다. 이 책이 담아낸 7개의 브랜드와 1개의 여정은, 단순한 성공담이 아니라 버티고 남은 이름들의 전략입니다. 숫자가 아닌 태도, 속도가 아닌 지속, 팔기 위한 전략이 아니라 남기 위한 태도로 길어낸 기록입니다.

그래서 저는 믿습니다. 브랜드는 결국 사람과 구조 위에 남습니다. 그 마음을 끝내 지켜낸 이름만이 읽을수록 선명해지는 길 위에서 조용히, 그러나 단단히 오래 기억될 것입니다.

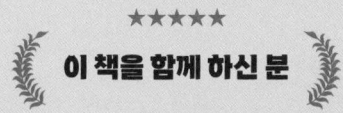

김관훈 / 두끼떡볶이 대표

조리의 과정을 고객에게 맡긴다는 건 단순한 기획이 아닌 철학의 문제였습니다.

익숙한 떡볶이를 플랫폼화하는 일은 수많은 시행착오와 끊임없는 실험의 연속이었죠.

우리는 단순한 외식 브랜드가 아니라,

'고객이 한 끼를 주체적으로 요리하는 경험'을 설계하고자 했습니다.

이 책은 그 도전의 과정과 의미를 깊이 있게 기록해 주었기에 더욱 뜻깊습니다.

불가능을 요리한다는 각오로 함께 달려온 여정이,

또 다른 창업가들에게 실질적인 용기와 구체적인 방향이 되기를 바랍니다.

박용준 / 삼진어묵 대표

전통을 지킨다는 건 멈춘다는 뜻이 아닙니다.

한 시대의 맛을 고집하는 것이 아니라,

그 기억을 오늘의 삶 속에 새롭게 옮겨 심는 일이라 믿습니다.

삼진어묵은 수많은 변화 속에서도

언제나 사람들 곁에 머무를 방법을 고민해 왔습니다.

시장 골목의 작은 국물 한 그릇에서 시작된 마음은

세월이 흘러도 더 깊고 따뜻하게 이어져 왔습니다.

한 그릇의 어묵이 음식 그 이상으로, 누군가의 삶 속에서 오래 기억되기를 바라는 마음, 그 마음이 오늘의 삼진어묵을 만들었습니다.

이 책은 우리의 조용하지만 끈기 있는 걸음을
정성 어린 기록으로 남겨 주었습니다.

우리의 이야기가 누군가의 마음속에 스며들어 앞으로의 길을 함께 밝히는 불빛이 된다면, 그것만으로도 충분히 고맙습니다.

최승윤 / 백억커피 대표

가성비를 말하는 브랜드는 많습니다. 하지만 경영주의 가심비, 지속 가능성을 함께 이야기하기란 결코 쉽지 않았습니다. 백억커피는 단지 저렴한 커피를 파는 브랜드가 아닙니다. 누군가에겐 생계이자 인생의 터전인 매장을 어떻게 오래 버틸 수 있게 만들 것인가, 그 질문 앞에서 늘 겸손하게 고민해 왔습니다.

수많은 폐점 위기를 이겨내며, 우리는 "경영주의 삶을 버티게 하는 브랜드"라는 정체성을 더 단단히 붙잡게 되었습니다. 이는 본사만의 이익을 좇는 것이 아니라, 경영주와 고객이 함께 숨 쉴 수 있는 구조를 만드는 일이기도 했습니다.

이 책은 그런 고민의 뒷모습까지 따뜻하게 비춰주었기에 더욱 특별합니다. 앞으로도 경영주 중심의 운영 시스템을 가치로 삼으며, 팔기보다 오래 견딜 수 있는 길을 만들겠습니다.

김대일 / 패스트파이브 대표

일하는 방식을 바꾼다는 건,

결국 사람을 위한 공간을 다시 설계하는 일이라 믿었습니다.

빠름보다 깊이를 택했고, 복잡함 속에서 단순함을 찾으려 애썼습니다.

때로는 속도를 좇으라는 외부의 압박도 있었지만,

우리는 본질을 지키는 길을 선택했습니다.

그렇게 만들어낸 작은 변화들이 모여 오늘의 패스트파이브를 가능하게 했습니다.

우리가 만든 변화의 결이 이 책을 통해 조용히 읽히게 되어 감사합니다.

패스트파이브는 앞으로도 일하는 모두가 오롯이 일에 몰입할 수 있는 구조, 모든 사람이 주인공이 되는 일터를 실험하겠습니다.

변화는 종종 큰소리보다

공간의 온도로 오래 남는다는 걸 믿으며, 더디더라도 옳은 길을 끝까지 가고자 합니다.

윤대숙 / 태국 방콕 한식당 '명가' 대표

해외에서 한국의 맛을 지킨다는 건 생각보다 훨씬 고된 일이었습니다. 재료 하나, 조리 방식 하나까지 현지와의 타협 속에서 정체성을 잃지 않으려 애쓰는 날들의 연속이었습니다.

태국 외환위기와 코로나 팬데믹이라는 거대한 파도 앞에서도, '명가'의 불빛은 꺼지지 않았습니다. 한국 음식을 찾는 단골과 현지 직원들의 헌신이 그 불빛을 이어주었습니다. 이름 모를 수많은 날들의 인내와 선택이 오늘의 '명가'를 가능케 했습니다.

그 긴 여정을 이 책이 따뜻하게 담아주어 진심으로 감사합니다. 명가는 단순히 음식을 파는 식당이 아니라, '현지에 스며드는 한식', '문화로 기억되는 공간'을 꿈꿉니다. 그 마음이 이 책을 통해 누군가에게는 낯선 땅에서 한식을 시작할 용기로 전해지기를 바랍니다.

김애란 대표 / 20년차 편의점 경영주

편의점은 어느새 제 삶이 되었고,

이제는 제 이름을 담은 하나의 브랜드가 되었습니다.

혼자 운영하고, 혼자 버텨내며 지나온 20년의 시간.

크고 작은 위기를 견뎌내며 점포를 지켜온 그 발자취를

이 책이 조용한 위로처럼 풀어내 주어 진심으로 감사드립니다.

저는 늘 믿습니다.

'경영주가 성장하는 구조'야말로 프랜차이즈가 지속될 수 있는 유일한 길이라고.

그 구조 안에서 경영주가 배우고, 도전하고, 함께 성장할 수 있어야

브랜드도 오래 갑니다.

결국 오래 살아남는 건 시스템이 아니라, 사람을 품고 기다릴 줄 아는 점포, 그

리고 주인의 땀과 인내가 깃든 시간이라고 생각합니다.

이 책이, 그런 생각에 공감하는 더 많은 사람에게 닿기를 바랍니다.

(전)디렉터 & 매니저 / 던킨도넛 & 미스터도넛

글로벌 도넛의 경쟁은 결국 '맛'이 아니라,

'어떤 시스템으로 만들고 어떻게 전달하느냐'의 전쟁이었습니다.

제품은 단순한 결과일 뿐, 그 이면에는 치밀한 전략과 정교한 구조,

그리고 끝없이 이어지는 현지화의 실험이 숨어 있었죠.

그 복잡하고도 입체적인 과정을 브랜드의 서사로 풀어주신 점, 진심으로 감사드립니다.

두 브랜드 모두 속도와 품질을 동시에 담아내기 위한 구조를

수없이 실험하고, 조율하며 때론 실패를 교훈 삼아 다시 세워왔습니다.

그 치열한 고민의 흔적이 이 책을 통해 오래도록 기록되고,

또 다른 브랜드를 준비하는 이들에게 분명한 통찰로 남기를 바랍니다.

결국 브랜드는 눈에 보이는 제품이 아니라,

그 제품을 떠받치는 시스템과 철학, 그리고 이를 지켜내려는 사람들의 끈기가

만들어낸다는 것을 다시금 깊이 느꼈습니다.

박동석 / (을지로)그라츠(GRAZ) 대표 – '작은 빵과 커피 이야기' 자문

"빵을 굽고 문을 여는 일상,

그 단순한 반복이 제겐 곧 생존이었습니다.

밀가루 파동, 경기 불황, 대형 프랜차이즈의 공세—

수없이 흔들렸지만 끝내 버티게 한 건

단골이 남겨 준 한마디, '또 올게요.'

결국 남는 건 유행이 아닌 사람의 마음이라는 진실이었습니다.

이 책은 그 지난 시간을 따뜻하게 불러내 주었습니다.

그라츠가 여전히 이 자리에 있는 이유를

누군가 함께 읽어주었다는 사실은 제겐 큰 위로가 됩니다.

속도보다 온기, 유행보다 진심으로 기억되는 공간.

그라츠도 그렇게 사람이 다시 찾는 이유로 남고 싶습니다."

이 책을 함께 하신 분

작가 소개

현장을 읽고, 구조를 설계하는 전략가.
유통과 외식 브랜드 경영에서 얻은 해법을
실무와 컨설팅의 언어로 풀어내는 사람입니다.

GS리테일과 글로벌 유통기업 월마트코리아에서
본사와 점포 전략을 비롯해 사업 전반을 경험했습니다.

1995년, GS25 차병원점 개점 당시
14평 점포에서 하루 매출 800만 원대, 연 매출 28억 원,
매출이익률 38%의 성과로 전국 최우수 점포상 수상.
'의사·간호사·환자·보호자' 맞춤형 700여 품목을 구성하고,
낱개 단위 발주와 리드타임 최소화를 도입해
재고관리 시스템을 혁신했습니다.

또한 상품정보팀장으로 본사 물류 체계 개선과 MD 운영 효율화를 이끈
경험은 오늘날까지 그의 전략적 사고의 근간이 되었고,
출점 과열 속 손실 구조를 간파해

GS25 최초의 전략적 폐점을 추진해 브랜드의 수익성과 신뢰도를 높였으며, 혁신팀장으로서 최우수사원 표창을 받았습니다. 이후 다년간 전사 경영위원으로 활동하며 조직의 전략 수립과 혁신 추진에 참여했습니다.

이후 20년 넘게 경영컨설팅 회사를 운영하며
상권·진단·고객·MD·마케팅·운영·물류 등 전사적 전략을
기획하고 현장에서 실천했습니다.
100여 명의 전문 컨설턴트와 함께
5,000개 이상의 로컬 브랜드와 창업가에게
지속 가능한 경영 해법을 제시했습니다.

태국·중국에서 K-푸드 프로젝트를 수행하는 등 해외와 국내를
넘나드는 프로젝트도 이끌었으며, 소상공인과 컨설턴트의
연계를 위한 '소상공인경영포럼협회'를 설립하였습니다.

중앙대학교 경영학·프랜차이즈경영학 석사,
2025년 창업학 박사 취득.
세종대학교 시니어산업학과 겸임교수로 '사업화 컨설팅'을 강의하며 실무와 학문을 잇는 가교 역할을 하고 있습니다.

그 모든 뿌리는

갓 청년 시절 '콘티빵' 생산라인에서 시작됐습니다.

한 개의 빵이 완성되기까지의 시간과 공정,

그 생존의 리듬은 지금까지 그의 기준이 됩니다.

《Shift 마인드셋: 당신을 성공으로 이끄는 행동전략》은

그가 수많은 현장에서 관찰하고 설계해온

브랜드 생존의 구조를 기록한 첫 번째 책입니다.

그리고 그는 오늘도,

작지만 오래 가는 브랜드의

다음 장면을 설계하고 있습니다.

성공은 필사하는 사업의 여정이고, 실패에는 안녕을 고합니다.
버텨온 순간을 넘어, 다르게 사업하고 싶다면 다르게 보아야 합니다.
나는 내가 실패한 것들을 발판 삼아,
내 사업을 오래 지켜낼 것입니다.

실리콘밸리의 전략가 Guy Kawasaki가 말했듯이,
"Ideas are easy. Implementation is hard."
— 아이디어는 누구나 낼 수 있지만, 실행은 어렵습니다.

《Shift 마인드셋: 당신을 성공으로 이끄는 행동전략》은 바로 그 실행의 힘을 가능하게 하는 든든한 동반자입니다.

사례를 읽고, 키워드를 필사하며, 나의 아이디어와 길을 돌아볼 때
비로소 사업력은 단단히 자라납니다.
이 책은 내 인생에 오래 남을 힘을, 다시 일으켜 세웁니다.